KINZAI バリュー叢書

ゼロからわかる
損益と資金の見方

公認会計士・税理士
都井　清史 [著]

一般社団法人 金融財政事情研究会

はじめに

　本書では主に金融機関にお勤めの方を対象に、企業の損益と資金繰りの見方の基本を中心に解説しています。

　特に不況の時代には、損益だけでなく資金繰りに重点を置いて企業をみていく必要があり、これを怠ると中小企業はすぐに倒産してしまいます。

　利益が重要であるのはもちろんですが、いくら利益をあげても、その分だけ在庫がふえていたり、売掛金となって滞留している場合には、その利益は絵に描いた餅であり、在庫や売掛金を現金化できなければ支払に充てることはできません。

　つまり利益が資金を伴わないときは、経営はうまくいきません。

　経営における利益と資金は車の両輪であり、両方がそろわないと企業経営を安定化させることはできないのです。

　しかしながら中小企業の経営者の大部分は、利益には関心があっても、資金繰りに疎いといっても過言ではありません。

　経営には攻めと守りが必要ですが、攻めの要因としては商品力や営業力、技術力、企画力といったものがこれに当たるでしょう。一方、守りの要因として最大のものが資金の管理能力です。

　これがないと、月末には常に資金不足となり、経営者は金策に走らなければならなくなるため、本来の持ち前のよさを活か

した経営ができなくなります。

　企業経営は商品力、営業力、技術力、企画力、資金の管理能力等のさまざまな要素の掛算による総合的な力です。

　その要素のなかで最後の掛算の要素が資金の管理能力です。

　したがって、いくらほかの要素が抜きん出ていたとしても、最後の資金の管理能力がゼロであれば、掛算で出てくる総合力もゼロになります。

　金融機関職員は自ら資金管理に精通することで、企業経営を指導し、経営の守りを担う立場にあるといってよいでしょう。

　この面の指導能力が、いま、金融機関職員に求められているといえます。

平成25年5月

公認会計士・税理士　都井　清史

目　次

第 1 章　損益計算書の見方

1　損益計算書の概要 …………………………………………………… 2
2　損益計算書の構造 …………………………………………………… 4
　(1)　売 上 高 ……………………………………………………………… 6
　(2)　売上原価 ……………………………………………………………… 7
　(3)　売上総利益 …………………………………………………………… 8
　(4)　販売費および一般管理費（通称「販管費」） ………………… 8
　(5)　営業利益 ……………………………………………………………… 10
　(6)　営業外損益 …………………………………………………………… 11
　(7)　経常利益 ……………………………………………………………… 11
　(8)　特別損益 ……………………………………………………………… 15
　(9)　税引前当期純利益 …………………………………………………… 19
　(10)　法人税等 ……………………………………………………………… 20
　(11)　持分法による投資利益 ……………………………………………… 20
　(12)　少数株主利益 ………………………………………………………… 20
　(13)　当期純利益 …………………………………………………………… 21

第 2 章　貸借対照表の見方

1　貸借対照表の概要 …………………………………………………… 24

2 貸借対照表の構造 …………………………………… 30
- (1) 資産の部 …………………………………………… 30
- (2) 負債の部 …………………………………………… 49
- (3) 資本（純資産）の部 ……………………………… 55

第3章 資金の見方

1 資金の考え方 ……………………………………………… 64
- (1) 資金の重要性について …………………………… 64
- (2) 資金を生むには …………………………………… 65
- (3) 利益は意見、キャッシュ（資金）は事実 ……… 66
- (4) 利益は野球、資金はボクシング ………………… 69
- (5) 利益は栄養、資金は血液 ………………………… 70
- (6) 資金の流れをよくするには ……………………… 70

2 損益と資金の違い ……………………………………… 79
- (1) 現金取引のみのケース …………………………… 79
- (2) 掛売上げがあるケース …………………………… 80
- (3) 手形売上げがあるケース ………………………… 81
- (4) 掛仕入れがあるケース …………………………… 82
- (5) 手形仕入れがある場合 …………………………… 83
- (6) 棚卸資産（在庫）がある場合 …………………… 84
- (7) 前受金がある場合 ………………………………… 84
- (8) 固定資産の減価償却 ……………………………… 86
- (9) 資産の評価損 ……………………………………… 90

- ⑽ 引 当 金 ……………………………………………… 92
- ⑾ 当期純利益といわゆるキャッシュフロー …………… 95
- 3 資金繰り表の見方・つくり方 ……………………… 97
  - ⑴ 3部制資金繰り表の見方 ……………………………… 98
  - ⑵ 3部制資金繰り表のつくり方 ………………………… 122
- 4 キャッシュフロー計算書の見方 ………………… 132
  - ⑴ キャッシュフロー計算書のフォームと資金概念 ……… 132
  - ⑵ 各計算区分のプラス・マイナスの組合せ …………… 154
- 5 キャッシュフロー計算書の実例 ………………… 164

〈巻末資料〉パナソニックの売上高内訳 ……………………… 171

第 1 章

損益計算書の見方

1 損益計算書の概要

　まずは、資金を理解する入り口として、損益計算書の見方から学びましょう。

　損益計算書は、

収益－費用（コスト）
＝利益（赤字の場合には損失といいます）

の算式をもととしてつくられています。

　損益計算書は一定期間における収益と費用、そして両者の差額の利益（または損失）を表示することで、企業の経営成績を明らかにします。

　このように損益計算書は利益や損失を表示するものであることから、プロフィット（利益）・アンド・ロス（損失）・ステイトメント（P／L）と呼ばれています。

　ここで収益とはたとえば売上高であり、企業の存続に必要不可欠なものです。

　しかしながらいくら売上高が多額であっても、それを上回る費用（コスト）が発生している場合には赤字すなわち損失が発生するため、いわゆる持出しの状態となり、企業は存続できません。

したがって企業経営には売上高だけでなく、利益があることも必要であるといえます。

　身近にあるわかりやすい例としては、牛丼チェーン店のような安売りで競争しているような事例があります。

　同業他社に負けないように売上高を確保するために安売り競争をした結果、売上高が費用（コスト）をまかないきれず、トップクラスの企業でも赤字が発生している例が多々あります。

　この赤字を避けるため人件費を抑えようとした結果、店員の負担がとんでもなく重くなり、いわゆるブラック業種になってしまっています。

　ビジネスモデルとしては、このままでは早晩行き詰りが予想される状態といえるでしょう。

　中小企業の経営者のなかには、安売りモデルを理想とする方もおられますが、デフレの時代には危険な選択といわざるをえません。

　収益だけでなく利益も確保することが、経営者に課せられた使命であるといえます。

2 損益計算書の構造

 それでは、実際の損益計算書でその構造を確かめておきましょう。

 次頁の例のように、損益計算書は上から下への書き下ろし形式で表示されることが多く、この形式を報告式といいます(なお左右ある様式を勘定式といいます)。

 ここで示したのは、パナソニックの米国基準による損益計算書を、日本基準での表示に修正して近づけたものです。

 パナソニックは売上高7兆8,000億円の超巨大企業ですが、この売上高でも費用をまかないきれず、平成23年度では損益計算書のいちばん下にある当期純損失は7,721億円もの金額となっています。

 実は1年後の平成24年度(平成25年3月決算)でもほぼ同額である7,650億円の当期純損失の計上が予想されており、2年分の損失をあわせると1兆5,000億円を超える当期純損失となります。

 それでも倒産しないところが、またすごいところですが、実はこの決算は会計士にとって非常に好感がもてる決算なのです。

 私が監査したわけではありませんが、この決算は実情を正直に表現しており、嘘をついている可能性はきわめて低いと考え

損益計算書

(単位:百万円)

	平成22年度 (自平成22年4月1日 至平成23年3月31日)		平成23年度 (自平成23年4月1日 至平成24年3月31日)	
売上高		8,692,672		7,846,216
売上原価		6,389,180		5,864,515
売上総利益		2,303,492		1,981,701
販売費および一般管理費		1,998,238		1,937,976
営業利益		305,254		43,725
営業外収益				
受取利息	11,593		13,388	
受取配当金	6,323		6,129	
その他の収益	59,050	76,966	44,124	63,641
営業外費用				
支払利息		27,524		28,404
経常利益		354,696		78,962
特別損失				
長期性資産の減損	34,692		399,259	
のれんの減損	—		163,902	
その他の費用	141,197	175,899	328,645	891,806
税引前当期純利益		178,807		△812,844
法人税等		△103,010		△9,767
持分法による投資利益		9,800		6,467
少数株主利益		△11,580		43,972
当期純利益		74,017		△772,172

られます。

　仮に嘘をつこうとしている場合は、平成23年度の当期純損失の大きさが1桁小さくなっていると思われます。

　つまり、平成23年度は平成22年度の当期純利益とほぼ同じ額の当期純損失であり、前期の利益分だけ今年度は損失が出ましたというストーリーです。

　パナソニックはやろうと思えば、そうできたかもしれませ

ん。

しかし、この会社の真面目な企業体質は、それを許さなかったのでしょう。

平成23年度の赤字決算に加えて、次年度である平成24年度もほぼ同額の当期純損失を計上するわけですから、メンツにこだわっていないことは確かです。

この大赤字の決算は、日本の中小企業のよいお手本となる決算例といえるでしょう。

それでは、この損益計算書を例にとり、上から順番にみていきましょう。

(1) 売 上 高

売上高は企業が存続する基本となるものです、パナソニックの場合は当然電気製品の売上高が中心ですが、システム設計などのサービスの提供の売上げ等も含まれており、内訳内容ごとにみておく必要があるでしょう(巻末資料参照)。

ここでの大きな問題は、売上高が前年度対比で約10%減少していることです。

費用には人件費等の固定費もあるため、売上げが減っても費用はそれにつれて減るとは限りません。

売上げがわずかに減少しただけで、赤字になることが多いのは固定費の存在が大きいためです。

パナソニックにとって、現状ではこの売上高の減少に歯止めをかけることが大きな経営課題となっています。

(2) 売上原価

これは売上高に対応する費用であり、自社製作の場合は製品の製造原価、外注製作（商品仕入れ）の場合は商品の仕入原価です。

商品の仕入原価の場合には、売上原価は売上高に比例する変動費ですが、自社製作の場合には製造原価のなかに人件費など売上高と無関係に発生する固定費があるため、売上原価には変動費部分だけでなく固定費部分も含まれます。

このように売上原価に固定費が含まれている場合には、売上高が減少してもそれに比例して売上原価は減らないことになります。

売上原価を売上げで割った比率を売上高原価率というのですが、平成22年度と平成23年度で、売上高原価率がそれぞれ何パーセントになっているか、確かめておきましょう。

売上高原価率＝売上原価／売上高×100（％）
平成22年度＝63,891億円／86,926億円×100＝73.5％
平成23年度＝58,645億円／78,462億円×100＝74.7％

売上原価に含まれる固定費があることによって、平成22年度から平成23年度にかけて売上高原価率が1.2ポイント上昇しています。

(3) 売上総利益

売上高から売上原価を差し引いた利益を売上総利益(通称「粗利益」)といいます。

売上総利益は損益計算書の最初に出てくる利益であり、同業他社と比較する場合には、ここで差が出てしまうと、取返しのつかないことになるため、利益のなかでは最も重要な根幹となる利益となっています。

売上高は前年同期比で約10％減でしたが、売上総利益は同じく前年同期比で約14％減となっています。

これは売上原価中の固定費が含まれていたためですが、ここでの売上総利益の減少が多額の当期純損失を生んだ1つの大きな要因といえるでしょう。

(4) 販売費および一般管理費(通称「販管費」)

これには販売促進費等の販売費と、人件費や物件費等の一般管理費が含まれています。

販売費は売上高に比例する変動費がほとんどですが、一般管理費は逆に売上高に比例しない固定費がほとんどです。

たとえば固定資産を取得した後、それを順次費用に移していくことを減価償却といいますが、減価償却費は売上高とは無関係に発生します。

さらに販売費および一般管理費には管理部門の人件費など、売上高とは直接関係のない費用も計上されます。

日本企業は売上高が落ちても、米国企業と違ってレイオフ（一時解雇）したりしないのが普通であり、せいぜい管理部門から販売部門へ人員配置を変えるくらいです。

　したがって、人件費はイコール固定費とみたほうが実態にあっています。

　それでは、パナソニックの販売費および一般管理費の推移をみてみましょう。

　パナソニックでは、平成22年度の19,982億円から19,379億円の微減となっています。

　ここでの販売費および一般管理費のほとんどが固定費であることにより、売上高の減少とは無関係に、費用はほぼ前期と同様に発生したことがわかります。

　なお、販売費および一般管理費の最後には「雑費」や「その他の費用」が計上されるのが普通です。

　実務上「雑費」や「その他の費用」は、少額の費用をまとめて表示したというよりも、内容を隠したい場合に使います。

　たとえば製品の盗難による損失や従業員の横領による損失など、表に出したくない場合には雑費になるわけです。

　このことから「雑費」や「その他の費用」が次の営業利益よりも多額の場合には、会社の経営管理体制に問題があるといえます。

　なお中小企業の場合の販売費および一般管理費をみるうえでの注意点は、役員給与です。

　この金額をいくらにするかは、本来は定款や株主総会で決め

るのですが、大部分の日本企業は経営者＝大株主であるため、役員が自分で自分の給料を決めることになります。

　中小企業では数名の同族役員の役員給与の合計と、数十人の従業員の給与の合計が同じとなっている決算が多いのですが、役員給与の総額が常識外に高額であれば、営業利益や経常利益に加えてみるのが妥当です。

　この場合は費用に計上されている役員給与の支払が、一種の剰余金の処分に当たっているからです。

　つまり中小企業では役員給与によって、営業利益や経常利益は調整されているわけです。

(5)　営業利益

　会計で「営業」という言葉は独特の意味をもっており、「本業」を意味します。

　したがって、営業利益は本業による利益です。

　すぐ下には営業外損益の区分がありますが、ここには本業以外の収益と費用である受取利息や支払利息等が並んでいます。

　どのような企業であれ、この営業利益が黒字であることが企業の存続の前提となっています。

　仮に営業利益が赤字であれば、事業をやめたほうがマシということになります。

　長引く不況により営業利益が黒字から赤字に転落している企業がふえていますが、その場合には経営改善を図ると同時に、転業、廃業も考えたほうがよいと思われます。

(6) 営業外損益

ここで営業外とは本業以外の意味であり、たとえば金融上の収益である受取利息や受取配当金等の営業外収益、金融上の費用である支払利息等の営業外費用が計上されます。

また営業外収益に関して実際には、受取利息はきわめて少額であり、「雑収益」が大部分を占めていることが多いようです。

「雑収益」は「雑費」と同様に、その内容が不明であるため、内容の確認が必要です。

さらに営業利益に営業外収益を加え、営業外費用を差し引いた段階で経常利益という利益が表示されます。

(7) 経常利益

経常利益は、臨時的な損益や異常な損益を取り除いた正常な利益であるといわれています。

この性質から経常利益は、今期計上されれば今後も同様の利益水準が期待される利益であるといえます。

なお増収増益といった場合の「収」は売上高、「益」は経常利益を指しています。

日本の企業は中小企業を含めて、その過半数で営業利益はあがっているのですが、営業外費用の支払利息の支払により経常損失となって、赤字に転落している実態があります。

損益計算書の見方のいちばん大きなポイントは、営業利益から経常利益にかけての動きに着目することです。

営業利益から経常利益までは、次のようになっています。

```
       営 業 利 益
      ＋営業外収益
      －営業外費用
       経 常 利 益
```

金融機関の与信判断の観点からは、この経常利益が最重要視されている現状から、信用の継続を図るために、ほんのわずかな経常利益を計上しているケースがよくあります。

逆に利益をあげ過ぎると、今度は税金の負担が重くなるため、信用と税金のバランスをとるため、わずかな経常利益となるわけです。

ここでわずかな経常利益とは、具体的には経常利益を売上高で割った売上高経常利益率が１％未満の利益を指しています。

ここでの見方の大きなポイントは、本業の利益である営業利益で支払利息等の営業外費用をまかなえているかどうかです。これをみるため、計算の順序を以下のように変えてみましょう。

```
       営 業 利 益
      －営業外費用
      ＋営業外収益
       経 常 利 益
```

つまり支払利息等の営業外費用の負担で、営業利益がどの程度失われるかをみるわけです。

営業利益よりも営業外費用のほうが多額であれば、営業利益から営業外費用を差し引いた段階で赤字になっているはずです。

つまり本業の利益である営業利益で支払利息等の営業外費用を負担しきれなくて、損失に転落しているわけです。

一般的には、営業利益の70％以上の営業外費用が計上されていれば、問題があるとされています。

$$\frac{営業外費用}{営業利益} \times 100 \geqq 70\% \quad \cdots\cdots 問題あり$$

この比率について、パナソニックで確認してみましょう。

平成22年度　27,524百万円／305,254百万円×100＝9.0％
平成23年度　28,404百万円／43,725百万円×100＝65.0％

平成22年度から平成23年度にかけてこの比率が急上昇しており、平成23年度では危険水準の70％に近づいています。

たった1年の間に、急激な財務体質の悪化があったことがうかがえます。

企業によっては営業利益を超える営業外費用を計上し、それでもなお経常利益をあげている企業もありますが、その場合には営業外収益の「雑収益」等が原資となって経常利益が計上されていることになり、表面上の利益の捻出をしていることがわ

かります。

こういった場合には、売上げによる利益は経常利益には残っていないとみることができ、売上高経常利益率等の利益率を計算してもまったく意味がありません。

営業利益と営業外費用がほぼ見合っている一方で、経常利益と営業外収益がこれもほぼ見合っているのは、日本企業の古典的な損益計算書の状態です。

経常利益と営業外収益がほぼ見合っており、経常利益の大半が営業外収益によってまかなわれている状態とは、具体的には経常利益の70％以上が営業外収益によって構成されている状態で、これも問題があります。

$$\frac{営業外収益}{経常利益} \times 100 \geqq 70\% \quad \cdots\cdots 問題あり$$

それではこの比率について、パナソニックで確認してみましょう。

平成22年度　76,966百万円／354,696百万円×100＝21.7％
平成23年度　63,641百万円／78,962百万円×100＝80.6％

平成22年度から平成23年度にかけて、経常利益に占める営業外収益の割合も急上昇しており、かつ平成23年度は危険水準の70％を超えてしまっています。

特に中小企業では、本来は次の特別利益である項目が、重要性が乏しいという理由から雑収益等の科目で営業外収益に計上されているケースがよくあります。

営業外収益は本業以外の収益ですから、これが多額であること自体、おかしいわけです。

雑収益等で経常利益がなんとか計上されている決算であれば、そもそも決算内容の信憑性が乏しいといえるでしょう。

(8) 特別損益

特別損益には臨時損益と過年度損益修正損益の2つがあり、それぞれ収益である特別利益となるケースと、費用である特別損失となるケースがあります。

臨時損益は固定資産の売却損益のほか、パナソニックの損益計算書にあるような資産の価値が著しく低下したことによる減損損失があります。

過年度損益修正損益は過去の損益計算の訂正を意味し、新しい会計基準ではなくなったのですが、中小企業の決算ではいまも残っています。

これは過去の収益や費用の訂正を行う際に、過年度の損益計算書のつくり直し（遡及修正といいます）を行わない場合、これを当年度の収益や費用として計上するときに計上します。

過年度損益修正損益が多額の場合には、過去の決算の信憑性が疑われますので、印象としてはあまりよくありません。

それに加えて、この項目は利益の操作にも使用されることが

多いため、その内訳まで確かめることが必要となります。

　また、営業利益や経常利益をよくみせるために、収益である営業外収益や特別利益を売上高に含めるなど損益計算書の上のほうに表示し、逆に費用である販売費および一般管理費や営業外費用は特別損失で表示するなど下のほうに表示することもあります。

　この場合に最後に示される当期純利益は変わらないのですが、途中の営業利益と経常利益は操作した分だけ過大に計上されますので注意してください。

　それでは、パナソニックの特別損益をみてみましょう。

　「長期性資産の減損」とは、有形・無形固定資産について、その回収可能価額（売却した場合の市場価格や、使い続けた場合の使用価値）が著しく下落したことから、これらについての評価損を計上したものです。

　パナソニックでは、ほとんどすべての事業についてこの評価損を計上しており、経営の膿を出す積極的な意味があると思われます。

　なお減損は減価償却費と同様に支出を伴わない費用であり、これくらいの費用が発生していると頭のなかで想像しているにすぎません。

　したがって平成23年度における3,992億円の減損は、すべて概念上・想像上の費用であることにも注意する必要があります。

　次の「のれんの減損」1,639億円は、主に三洋電機を買収す

る際に発生した「のれん（営業権）」の価値が失われたため、これについての評価損を計上したものです。

パナソニックは米国の会計基準を採用しているため、のれんについては毎年度の償却を行わないかわりに、価値が著しく失われた場合には、一気に評価損を計上するようになっています。

これも長期性資産の減損と同様に概念上・想像上の費用であり、支出を伴わない費用です。

「長期性資産の減損」と「のれんの減損」をあわせた金額は5,631億円ですので、当期純損失7,721億円のうち73％がこれらの概念上・想像上の費用によるものであることになります。

一般的に、概念上・想像上の費用を積極的に計上する会社は、万一の事態に備えて利益を控えめに計上しようという保守的な会計思考があり、（減損損失自体は決して褒められた話ではありませんが）会計に対して真摯な姿勢をもっているとして評価できます。

最後の「その他の費用」にはさまざまな費用が含まれています。

たとえばリストラに際して割増退職一時金を支払った場合や、製造拠点や営業拠点の統廃合による固定資産の除却損失などの臨時損失がその内容です。

固定資産の除却損失は、先ほどの減損損失と同様に支出を伴わない費用ですが、モノがなくなっているため、こちらは概念上・想像上の費用ではありません。

小杉産業（平成21年2月倒産）の事例

区分	注記番号	前事業年度 （自　平成18年2月1日 　至　平成19年1月31日） 金額（千円）	百分比（％）	当事業年度 （自　平成19年2月1日 　至　平成20年1月31日） 金額（千円）	百分比（％）
Ⅵ　特別利益					
1　保証債務引当金戻入額		—		25,000	
2　関係会社株式売却益	※4	1,305,000		—	
3　固定資産売却益	※5	1,039,471		—	
4　役員退職金引当金取崩額		10,000		—	
5　その他		—　　2,354,471	11.2	2,809　　27,809	0.1
Ⅶ　特別損失					
1　投資損失引当金繰入額		—		1,200,000	
2　貸倒引当金繰入額	※6	1,042,874		709,562	
3　関係会社株式評価損	※13	8,999		430,000	
4　返品調整引当金繰入額		—		342,185	
5　廃止ブランド商品処分損		—		162,130	
6　廃止ブランド損失引当金繰入額		—		73,807	
7　投資有価証券評価損	※8	165,199		47,719	
8　固定資産売却損	※12	13,031		18,261	
9　投資有価証券売却損		—		2,665	
10　固定資産除却損	※10	55,959		2,362	
11　関係会社株式売却損	※9	148,855		—	
12　減損損失	※7	600,469		—	
13　子会社整理損失引当金繰入額	※11	30,000		—	
14　保証債務引当金繰入額		25,000　　2,090,392	9.9	—　　2,988,694	16.9
税引前当期純損失		602,568	△2.8	5,564,011	△31.5
法人税・住民税および事業税		9,727		9,932	
法人税等調整額		—　　9,727	0.1	—　　9,932	0.1
当期純損失		612,295	△2.9	5,573,943	△31.6

たとえば帳簿価額が1億円の建物を除却した場合、1億円の除却損失が計上されますが、建物はもうないのですから、この場合の費用は実現しています。

　また、早期退職一時金は支出を伴う費用であり、その分だけ資金負担が起こる点で、これまでみた他の特別損失とは性格が異なります。

　パナソニックは特別損益を3つに集約していますが、ここに項目が数多く並んでいるような場合には、経営管理の面から要注意企業であるとみてよいでしょう。

　その場合は会社にとって、臨時的な出来事や過年度の決算の誤りの訂正が多いわけですから、項目の数が会社の管理レベルと反比例するからです。

　ここで参考として小杉産業の特別損益をご紹介しましょう。

　小杉産業はアパレル業界では有名な会社でしたが、平成21年2月に倒産してしまいました。

　多額の雑費と同様に、このような特別損失の項目の多さも、会社の経営管理体制に問題があることを表しています。

(9) 税引前当期純利益

　法人税・住民税・事業税等を差し引く前の当期純利益です。ここから法人税等を差し引くと当期純利益が求まります。

　パナソニックでは多額の特別損失を計上した結果、この段階で8,128億円の税引前当期純損失となっています。

⑽ 法人税等

消費税等を除いて、法人税、住民税、事業税等の法人が負担する税金はここで表示されます。

パナソニックの税引前当期純損失は大赤字ですが、赤字の原因となっている特別損失の減損のほとんどは税務では費用として認めてもらえないため、課税の対象となる課税所得はプラスとなっています。

したがって赤字決算であっても、税金の負担が生じています。

⑾ 持分法による投資利益

関連会社等に対してもつ関係会社株式等の評価損益です。

これがプラスであるということは、関係会社株式等の評価増しを行った際に収益を計上しており、関連会社等が全体として当期純利益をあげているということを意味します。

この項目は日本の会計基準では営業外収益に計上されるのですが、元の損益計算書を尊重してここに表示しています。

ただし中小企業では、普通はこの科目自体がありません。

⑿ 少数株主利益

子会社の利益のうち、親会社の株主を除いた非支配株主（少数株主）に帰属する利益です。

たとえば、子会社が100万円の利益をあげ、親会社が子会社

の株式の80％を所有している場合には、いったん子会社の100万円の利益を親会社の利益と合算したうえで、非支配株主（少数株主）に帰属する100万円×20％＝20万円の利益がここで費用として差し引かれます。

したがって子会社が利益をあげると、100％子会社でない限りこの項目が費用として表れます。

逆に子会社が損失を計上すると、その損失を非支配株主（少数株主）にも負担させるために、この項目は収益として表されます。

パナソニックでは平成22年度は少数株主利益が費用計上されていますから、この平成22年度は子会社全体で利益を計上し、逆に平成23年度は収益計上されていますから、平成23年度は子会社全体で損失を計上したことがわかります。

⑬　当期純利益

連結損益計算書において、親会社株主（ここではパナソニックの株主）に帰属する当期純利益です。

これが損益計算書の最終利益となって、株主に配当等で分配されることになります。

しかしパナソニックでは、これが△7,721億円となっているため、配当どころではない状態です。

当期純利益も経常利益と同様に、ほんのわずかな金額が計上されることがあります。

ここでも金融機関に対する信用の継続と、税金の負担の調整

が図られる可能性があり、たとえば売上高が数億円であるにもかかわらず当期純利益が60万円であるといった場合のように、当期純利益を売上高で割算した売上高当期純利益率が1％未満である場合には、決算の信憑性そのものを疑うべきです。

　損益計算書の概要をおわかりいただけましたでしょうか。

　前期と比較しながらみることが有用なこと、少額の利益は信用と税金のバランスをとるために操作されている例が多いこと、パナソニックのように巨額の損失を計上している場合であっても、そのすべてが資金負担となっているわけではないことなどを理解していただければ幸いです。

　これ以外にも、実際の損益計算書は減収・増益になっているケースなどさまざまなパターンがありますので、数多くの損益計算書をみることで実務に慣れていただくのがいちばん早いと思います。

第2章

貸借対照表の見方

1 貸借対照表の概要

　貸借対照表の基本形は左右に分かれている形式で、これを勘定式といいます（貸借対照表にも上から下への書き下ろしである報告式もあります）。

貸借対照表

(借方) 資　産	(貸方) 負　債
	純資産 (資本)

　貸借対照表の左側を借方（かりかた）といい、これは資金の運用形態を表し、右側を貸方（かしかた）といい、これは資金の調達源泉を表しています。

　さらに貸借対照表では、借方に計上された資産と貸方に計上された負債との差額で純資産（資本）を表示しますが、この純資産（資本）も負債と同じく資金の調達源泉を表します。

負債の別名として他人資本という表現があり、純資産（資本）の別名として自己資本という表現があります。

　これは両者ともに資金の調達源泉であることにより「資本」の名前をつけたものです（なお、他人資本と自己資本をあわせて「総資本」といいます）。

　会計では、「お金の流れは右から左」というルールがあり、貸方の負債と純資産（資本）はお金の入り口、借方の資産はお金の出口となっています。

　純資産（資本）は資産と負債の差額ですから、これを負債と同じ貸方に計上することで、貸借対照表の借方と貸方は一致することになります。

　このことから、この表は左右の借方と貸方が等しい表という意味で、貸借対照表（バランスシート：B／S）と呼ばれています。

　つまり、総資産イコール総資本という関係があります。

　貸借対照表は、資金の調達源泉（負債と純資産（資本））と運用形態（資産）を明らかにすることで、一定日現在の財政状態を明らかにします。

　貸借対照表の見方の注意点としては、損益計算書のわずかな利益と同じように、わずかな純資産（資本）となっている例があります。

　純資産（資本）がプラスの場合には資産超過、純資産がマイナスの場合には債務超過といいますが、金融機関の審査では資産超過と債務超過では雲泥の差があります。

つまり資産超過は、仮にそれが少額であっても、少額の利益と同様に金融機関からの信用の維持、すなわち融資の継続に役立つわけです。

　このため、意図的にわずかな純資産を計上する決算が後を絶たず、こういった決算が実際には非常に多いことに留意しなければなりません。

　具体的には、総資産（＝総資本＝負債＋純資産）に対する純資産の割合が１％未満であれば、売上高に対する利益率が１％未満である場合と同様に、決算の信憑性を疑ってください。

　なお、貸借対照表を一目みただけで、その会社の業績の良し悪しはほぼ見当がつきます。

　業績の悪い会社の貸借対照表のイメージは以下のようになります。

<u>貸借対照表</u>
平成○年○月○日現在　（単位：円）

	軽　　い
重　　い	純　資　産

　つまり資産の部が重く、負債の部が軽いイメージです。

ここで重い、軽いとは科目の数がぎっしり詰まっているか、あっさり終わっているかという全体とのバランスを表しています。

　資産が重い場合とは、たとえば「その他の流動資産」として未収金、立替金、仮払金、前払金、前払費用、未収収益、短期貸付金等が計上され、かつその金額も多額であるような場合です。

　これに対して負債が軽い場合とは、流動負債に支払手形、買掛金と短期借入金しか計上されておらず、引当金やその他の流動負債が見当たらないようなケースです。

　負債に計上される引当金は、その要件を満たしている場合には原則として強制計上ですし、負債の部で未払金や未払費用がゼロということはありえません。

　業績の芳しくない中小企業の貸借対照表はこのパターンが多く、これをそのまま信じることはできません。

　こういった場合は、資産は過大に計上され、実態としての価値がない資産（架空資産といいます）がある可能性が高く、負債は過小に計上され、負債からもれている負債（簿外負債といいます）がある可能性が高いわけです。

　その結果として、資産と負債の差額である純資産（資本）は過大に計上されています。

　これによりギリギリの資産超過となっている場合もありますが、実態は債務超過であるといえるでしょう。

　一方、業績のよい会社はこれとは反対になります。

第2章　貸借対照表の見方

貸借対照表
平成○年○月○日現在（単位：円）

軽　　い	重　　い
	純 資 産

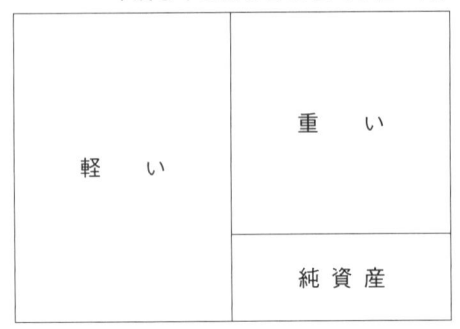

つまり資産の部が軽く、負債の部が重いイメージです。

資産が軽い場合とは、たとえばその他の流動資産がほとんど計上されていないケースです。

これに対して負債が重い場合とは、買掛金や借入金、未払金、未払費用等はもちろんのこと、さまざまな引当金が計上されているようなケースです。

あまりみかけないケースだと思いますが、このパターンは間違いなく優良会社です。

筆者の経験では、中小企業でも20社に1社程度（可能性は低い!!）はこのパターンとなっていて、たまに驚かされることがあります。

こういった場合は、先ほどとは逆に資産は過小に計上され、記載されていない資産（簿外資産といいます）がある可能性が高く、負債は過大に計上され、実際には存在しない負債（架空負債といいます）となっている可能性があるわけです。

その結果として、資産と負債の差額である純資産は過小に計上されています。
　これによりギリギリの資産超過となっている場合もありますが、実態は大幅な資産超過であるといえるでしょう。

2 貸借対照表の構造

では、ここでもパナソニックの貸借対照表（58ページ）を用いて、その構造を確かめていきましょう。

(1) 資産の部

資産と負債には、流動と固定の2つの区分があります。

流動は短期、固定は長期という意味で使っており、流動資産・流動負債は短期的に現金化する資産・負債、固定資産・固定負債は長期的に現金化する資産・負債を意味しています。

流動と固定を区分する基準には2つあり、（正常）営業循環基準と1年基準（ワン・イヤー・ルール）といいます。

まず先に（正常）営業循環基準が適用となるのですが、この基準は（狭義の）運転資金について適用されます。

（狭義の）運転資金はたとえば商業では商品を仕入れてから売り上げた後、その売上債権（売掛金と受取手形）を回収し、仕入債務（買掛金と支払手形）を支払うという資金循環において必要となる資金です。

正常な営業循環過程

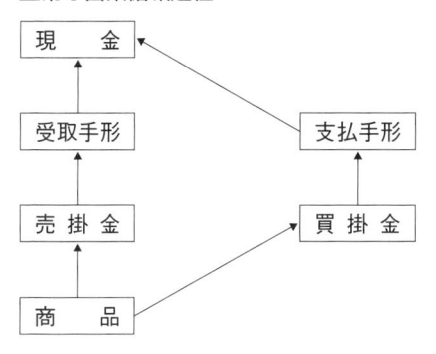

```
現　金 ←──────────┐
  ↑              │
受取手形        支払手形
                  ↑
売掛金 ──────→ 買掛金
  ↑              ↑
商　品 ──────────┘
```

　(狭義の) 運転資金を理解するには、上記の図を下から上へみていく、つまり商品の仕入れから売上げの流れのなかでみていくとわかりやすいと思います。

　まず、掛けによる仕入れによって「商品」が資産に計上され、同時に「買掛金」が負債に計上されます。

　この時点では、資産と負債が両建てになっています。

　次に「商品」は、掛売上げによって「売掛金」に姿を変えます。

　売掛金はそのまま現金預金として入金になることもありますが、「受取手形」として回収され、それが期日に現金預金で入金となることがあります。

　このため貸借対照表では、流動資産の部は上から現金預金、受取手形、売掛金、そして商品の順に並んでいます。

　一方、負債の「買掛金」はそのまま現金預金で支払われることがありますが、「支払手形」で決済され、それが期日に現金

預金で引落しとなることもあります。

このため、負債の部は、支払手形、買掛金の順に並んでいます。

買掛金や支払手形の決済に充てられる現金預金は、売掛金や受取手形の回収として入金となった現金預金がこれに充てられます。

この一連の資金循環を、正常な営業循環と呼んでいます。

（正常）営業循環基準では、この一連の資金循環（正常営業循環）内の勘定科目をすべて流動資産・流動負債として表示することで、資金循環のようすがわかるようにしています（ただし、現金預金は除く）。

なお、（正常）営業循環のうち現金預金を除いた資産の科目と、負債の科目の差額を（狭義の）運転資金と呼んでいます。

したがって（狭義の）運転資金は、（受取手形＋売掛金＋商品）と（支払手形＋買掛金）の差額となります。

この運転資金がプラスの場合には、必要運転資金として企業自身が借入金等により資金負担をしなければなりません。

なお、受取手形と売掛金をあわせて売上債権と呼び、支払手形と買掛金をあわせて仕入債務（または買入債務）と呼んでいます。

一方で、（正常）営業循環過程にない資産と負債には、1年基準（ワン・イヤー・ルール）が適用されます。

1年基準（ワン・イヤー・ルール）とは、決算日の翌日から起算して1年以内に現金化される資産・負債を流動資産・流動

負債とする基準です。

　この1年基準(ワン・イヤー・ルール)の適用を受けるのは、資産のうち受取手形、売掛金、商品、負債のうち支払手形、買掛金を除いたすべての科目です。

　たとえば借入金は1年以内に返済予定の流動負債である短期借入金と、1年を超えて返済予定となっている固定負債である長期借入金に分かれます。

　なお当初は長期借入金だった借入金が、数年後に1年以内に返済予定となった場合には、1年以内返済予定長期借入金として流動負債に表示します。

　資産と負債について、この流動・固定分類を行う理由は、流動資産と流動負債を比較して、短期的な財務の安全性をみるためです。

　単純に流動資産よりも流動負債のほうが多ければ、短期的な入金よりも短期的な支払のほうが多いことになり、短期的な財務の安全性に問題が生じます。

　ここで役立つのは、安全性をみるための各種の財務比率です。

　短期的な財務の安全性をみるための典型的な比率として流動比率がありますが、この比率は流動資産を流動負債で割った比率です。

流動比率＝流動資産／流動負債×100％

この比率は100％未満であれば、短期的に現金化できる資産のほうが短期的に支払予定となっている負債よりも少ないこととなるため、財務の安全性に問題ありといわざるをえません。

　つまりこの比率が低いとまずいことは明らかです。

　ただしこの比率が高いからといって、財務の安全性も高いとは限りません。

　滞留在庫や滞留債権があれば、必然的にこの比率も高くなるためです。

　実際には流動比率が100％を大きく超えている企業でも、倒産している事例は多々ありますので注意が必要です。

　それではこの流動比率について、パナソニックで確認してみましょう。

平成22年度　34,898億円／28,470億円×100＝122.6％
平成23年度　29,060億円／28,795億円×100＝100.9％

　流動比率に余裕のあった平成22年度から、100％ギリギリセーフの平成23年度へと、財務の安全性が低下していることがわかります。

　なお流動資産と流動負債の差額は（広義の）運転資金、または正味運転資本ともいいます。

　これもパナソニックでは大幅に減少しています。

　それではパナソニックの貸借対照表について、科目ごとにみていくことにしましょう。

まず初めに「現金および現金同等物」が記載されています。

　この金額は、中小企業では「現金預金」として表示されますが、パナソニックでは米国基準での表示を行っているため、キャッシュフロー計算書との整合性の観点からこの科目を使用しています。

　大雑把にいえば、この「現金および現金同等物」と次の「定期預金」の合計が、通常の「現金預金」と考えてよいでしょう。

　そうすると、パナソニックでは平成22年度の両者の合計額10,447億円（1兆円を超えている‼）から平成23年度の両者の合計額6,109億円へと、4,337億円減少していることがわかります。

　1年間で約4割が失われたかたちとなっていて、巨額の赤字の衝撃度が表れています。

　次は「短期投資」となっています。内容としては一時所有の有価証券などであり、日本基準ではここではなく売上債権の下で表示されます。

　その下には売上債権に属する「受取手形」と「売掛金」があります。

　両者の合計で、その推移を確かめておきましょう。

　両者の合計である売上債権は、平成22年度には10,809億円、平成23年度には10,362億円となっています。

　売上高が約10％減少しているので売上債権も減少していて当然なのですが、問題はその減少幅にあります。

つまり、売上高が約10％減少している場合には、売上債権も同じく約10％減少しているのが自然なのです。

これを探るため、売上債権回転期間という概念があります。

売上債権回転期間を求めるのは、以下の算式によります。

$$売上債権回転期間（日）＝\frac{売上債権（＝受取手形＋売掛金）}{売上高÷365日（または366日）}$$

売上債権回転期間は商品・製品を売り上げた後、現金預金で回収するまでの期間と考えてよいでしょう。

この回転期間は前期末と当期末の２つの時点で求め、その日数を比較することで増加あるいは減少の日数を計算します。

この日数が増加している場合には、回収遅延すなわち滞留債権・不良債権の発生が予想されます。

逆にこの日数が短縮している場合には、たとえば債権管理が厳しくなった状態を想定させます。

なお一般的には、売上債権回転期間が延びた場合の理由として以下のような理由が考えられます。

・期末近くの売上げが多かったケース
・翌期の売上げを先取りしたケース
・いわゆる押込販売（支払はいつでもいいからといった販売）のケース
・得意先の資金繰りが苦しいケース

- 得意先が強いために支払を引き延ばされているケース
- 値引きや返品等の処理が不十分で売掛金がかたちだけ残っているケース
- 架空の売上げにより架空の売掛金が計上されているケース　など

逆に、売上債権回転期間が短縮した場合の理由としては、以下のような理由が考えられます。

- 期末近くの売上げが少なかったケース
- 売上げの計上を翌期に繰り延べた（先送りした）ケース
- 得意先の資金繰りが改善したケース
- 債権管理の徹底により、債権の回収が早まったケース
- 不良債権の償却を行ったケース　など

それでは売上債権回転期間について、パナソニックで確認してみましょう。

平成22年度　10,809億円／86,926億円÷365＝45.4日
平成23年度　10,362億円／78,462億円÷366＝48.3日

若干ですが売上債権回転期間が延びており、滞留債権・不良債権の発生を予感させます。

それを裏付けるように、売上債権の下に表示された「貸倒引

当金」が218億円から266億円へと増加しています。

　この貸倒引当金は不良債権が発生した場合に、将来の貸倒れに備えて売上債権の評価引下げを行うものです。

　売上債権合計が減少しているにもかかわらず、貸倒引当金が増加したということは、売上債権に占める滞留債権・不良債権の割合がふえたということであり、パナソニックは実態にあわせて忠実にそれを表現しています。

　この辺りにも、パナソニックの決算がごまかしがなく正直であるという点が表れており、内容的に優れていることが証明されています。

　続いて「棚卸資産」についてみてみましょう。

　棚卸資産とは商品、製品、原材料、仕掛品（しかかりひん、製造の途中ですという意味です）といったいわゆる在庫であり、平成22年度の8,964億円から平成23年度には8,302億円と減少しています。

　棚卸資産についても、滞留在庫・不良在庫がないかどうか探っていきましょう。

　先ほどの売上債権回転期間と同様の計算を棚卸資産について行った期間を、棚卸資産回転期間といいます。

$$棚卸資産回転期間（日）＝\frac{棚卸資産}{売上高÷365日（または366日）}$$

　棚卸資産回転期間は、商品を仕入れてから売り上げるまでの

期間、あるいは原材料を仕入れてから製品を製造して売り上げるまでの期間です。

ただし分子の棚卸資産は原価、分母の売上高は売価ですから、価格のレベルはあっていないため概算計算にすぎません。

一般的に、棚卸資産回転期間が延びた場合の理由としては、以下のような理由が考えられます。

・期末近くに多額の仕入れや製造があったケース
・滞留在庫・不良在庫が発生したケース
・架空在庫（実際には存在しない在庫）を計上したケース
・製造途上でトラブルが発生したケース　など

逆に棚卸資産回転期間が短縮した場合の理由としては、以下のような理由が考えられます。

・期末近くの仕入れや製造がなかったケース
・在庫管理の徹底による滞留在庫・不良在庫が減少したケース
・架空在庫（実際には存在しない在庫）を排除したケース
・製造上のトラブルが解決したケース　など

この日数についても、パナソニックで計算してみましょう。

平成22年度　8,964億円／86,926億円÷365＝37.6日

> 平成23年度　8,302億円／78,462億円÷366＝38.7日

ほんのわずかながら日数が延びています。

しかし、売上高が約10％落ちた状態で、棚卸資産回転期間が1.1日しか延びていないということは、徹底した在庫管理の賜物といえるでしょう。

売上げが急減する場合、通常はつくり過ぎや仕入れ過ぎによってこの日数は大幅にふえることが多いのです。

しかし、パナソニックは売れる分しかつくらない方針で臨み、売上高減少によるダメージを最小限に抑えようとしているようすが浮かび上がります。

なおパナソニックでは財務諸表の注記のなかで棚卸資産の内訳を明らかにしています。

	平成22年度	平成23年度
製商品	4,662億円	4,509億円
仕掛品	1,643	1,444
原材料	2,658	2,348

売上高は平成22年度から平成23年度にかけて約10％減少していますから、これらの金額も10％減少していなければ、それぞれの回転期間は延びていることになります。

平成22年度から平成23年度にかけて製商品は3.3％減少、仕掛品は12.1％減少、原材料は11.7％減少していますので、製商

品の回転期間の延びを仕掛品と原材料の回転期間の短縮で補っているようすがわかります。

売れない製商品在庫を抱えた状態で、製造現場で必死の努力を重ねている姿が目に浮かびます。

なお、売上債権回転期間と棚卸資産回転期間は、実務上は同時にみなければなりません。

本来は翌期に計上すべき売上高を、当期に取り込むような決算は、実際よく行われています。

たとえば、売上げは商品等の引渡しに伴う請求書の発行にあわせて計上するのが基本ですが、商品等を引き渡す前の注文書の段階で売上げを計上するようなケースがこれに当たります。

こういった場合には、棚卸資産と売上債権の回転期間は密接につながってきます。

棚卸資産は売上げによって売上債権に姿を変えていますから、棚卸資産の金額は圧縮される結果、棚卸資産回転期間はむしろ短縮します。

一方、売上債権の金額は過大に表示され、その結果、売上債権回転期間は延長します。

このように棚卸資産回転期間の短縮と、売上債権回転期間の延長の２つが同時にみられた場合には、ほとんどのケースで翌期売上げの先取りが行われています。

なお、パナソニックの製商品回転期間は逆に延長していますので、翌期売上げの先取りには該当しません。

ここで棚卸資産回転期間が延長した場合に、それが滞留在庫

の発生であるのか、あるいは架空在庫（実際には存在しない在庫）の発生であるのかの見抜き方をみておきましょう。

滞留在庫が発生した場合、理論的には売上原価には影響ありません。

在庫は売れていない棚卸資産ですから、売れた棚卸資産である売上原価とは関係がないからです。

しかし、現実には売れ残り在庫を少しでも売ろうとしますから、売価を引き下げることにより、売上原価を売上高で割算した売上高原価率が上昇気味となります。

$$売上高原価率 = \frac{売上原価}{売上高} \times 100\%$$

一方、架空在庫を計上した場合はその分だけ売上原価が過小に計上される結果、売上高原価率は低下します。

商　品

仕　　入	売上原価
	⇧
	期末在庫

棚卸資産回転期間が延長した場合、この売上高原価率の推移を同時にみることで、滞留在庫か架空在庫かの区別がつきます。

パナソニックでは平成22年度から平成23年度にかけて、売上高原価率が上昇していましたから、これは滞留在庫の発生であり、架空在庫（この会社ではありえませんが）ではないことがわかります。

　流動資産の最後は「その他の流動資産」です。

　その他の流動資産とは、仮払金、立替金、未収金、未収収益、前払費用、前渡金、前払金、および短期貸付金等のいわゆる雑流動資産です。

　これらは、実務上は資産価値が乏しく、特に中小企業ではほとんど回収されずに滞留しているケースがよくみられます。

　その他の「流動資産」であるからには、１年基準（ワン・イヤー・ルール）によって１年以内に回収または解消されているはずです。

　したがって１年を超えて滞留していれば、そもそも本来は固定資産に表示するべきものです。

　さらにこれが回収できないものであるならば、貸借対照表の資産ではなく損益計算書の費用として表示するべきものです。

　実務上、これらが多額でかつ滞留している場合は不良資産ですので、資産の部からこれらを削除し、同額を純資産（資本）から削除して考えるのが妥当です。

```
〈その他の流動資産〉
    仮払金      ×××  ⎫
    立替金      ×××  ⎪
    未収金      ×××  ⎪
    未収収益    ×××  ⎬ 多額でかつ滞留している
    前払費用    ×××  ⎪   場合は、不良資産
    前渡金      ×××  ⎪
    短期貸付金  ×××  ⎭
```

 それでは、パナソニックについてみてみましょう。

 パナソニックの「その他の流動資産」は、平成22年度には4,896億円、平成23年度には4,546億円となっています。

 この会社の企業体質からは回収不能な債権はそもそも初めから資産に計上されておらず、これらはいずれもその金額相当の資産価値をもつものと推定されます。

 なお「その他の流動資産」のうち、平成22年度には2,544億円、平成23年度には2,261億円が繰延税金資産という特殊な資産となっています。

 これは税効果会計という会計制度によるもので、将来負担するべき税金の前払い分を意味しています。

 ここで短期的な財務の安全性を表す流動比率（流動資産を流動負債で割った比率）について、再度考えてみましょう。

 棚卸資産、売上債権およびその他の流動資産の滞留は、いず

れも流動資産合計を増加させるため、一見するとこれにより流動比率は改善することになります。

しかしこれらは実態としては固定資産あるいは価値がない場合損失ですから、本当の流動比率は決して高くありません。

したがって流動比率が低い場合には、短期的な財務の安全性も低いといえるのですが、それが高くても問題がある場合も多く、短期的な財務の安全性は必ずしも高いとは限らないという点にも注意しなければなりません。

次は「投資および貸付金」ですが、日本基準ではこれ以降は固定資産として表示され、固定資産は「有形固定資産」「無形固定資産」、および「投資その他の資産」に分けて表示されます。

したがって仮に日本基準で表示すれば、この「投資および貸付金」と、その他の資産のなかの「その他の資産」が、ともに「投資その他の資産」の部に表示されることになります。

投資その他の資産は、企業の外部へ投資された資産をいい、株式等の出資持分と貸付金および差入保証金等がその主な内容となっています。

パナソニックでは、「投資および貸付金」が平成22年度には5,696億円、平成23年度には4,518億円となっており、両者の差額分の1,178億円の資金回収を行うことで現金預金の減少を補ったことが推定されます。

次の「有形固定資産」はかたちのある固定資産ですが、主に設備投資により増加し、減価償却や除売却、さらには減損に

よって減少します。

　ただし土地は減価償却しない資産ですので、この減少は売却あるいは減損を意味します。

　パナソニックでは、「有形固定資産」が平成22年度の3,818億円から平成23年度には3,748億円へと減少しています。

　土地について新規の取得があったかどうかは不明ですが、仮になかったとすると差額分の69億円が売却あるいは減損の対象となっています。

　「建物および構築物」は平成22年度の17,711億円から平成23年度には16,796億円へ、「機械装置および備品」は平成22年度の22,907億円から平成23年度には22,481億円へとそれぞれ減少しています。

　これは新規の取得よりも減価償却や除売却、さらには減損による減少のほうが大きかったことを意味します。

　損益計算書では多額の減損や除売却による構造改善のための費用を計上していましたので、その影響が大きかったのかもしれません。

　「建設仮勘定」は製造途中を意味する科目です。

　製造中はこの科目で処理しておき、完成時に「建物および構築物」や「機械装置および備品」に振り替える処理を行い、その後に減価償却していきます。

　「建設仮勘定」が平成22年度の964億円から平成23年度には907億円へ減少しているのは、新規の着手よりも完成時の振替処理が多かったことを表しています。

「減価償却累計額」は、減価償却資産である「建物および構築物」と「機械装置および備品」について、当年度までの減価償却の累計を示します。

この「減価償却累計額」は減価償却により増加し、対象となる資産の除売却によって減少します。

「減価償却累計額」が平成22年度の26,569億円から平成23年度には26,591億円へ増加しているのは、対象資産の除売却よりも、減価償却費のほうが大きかったことを意味しています。

次はその他の資産に計上された「のれん」です。

のれんは営業権ともいい、日本の会計基準では無形固定資産のなかで表示されます。

パナソニックののれんは、平成22年度の9,247億円から平成23年度には7,574億円へと1,673億円減少していますが、これには三洋電機を買収した際に発生した「のれん」についての減損1,639億円が含まれています。

「のれん」は「超過収益力」といわれ、企業に利益をもたらす源泉とされていますが、実体がないため、その評価は主観的になりがちです。

平成23年度の残りの7,574億円の「のれん」は減損のテストの結果、超過収益力があると認められたものと推定されますが、翌年度である平成24年度の再度の赤字決算予想をみる限り、「のれん」の超過収益力には疑問符がつくといわざるをえません。

優良としかいいようのないパナソニックの決算の、唯一と

いっていい弱点といえるでしょう。

　次の「無形固定資産」には、「のれん」以外の無形固定資産が計上されています。

　平成22年度の5,427億円から平成23年度には3,457億円へと1,970億円減少しているのは、通常の償却分に加えてこれについても減損を計上しているためです（ここでの減損損失は「その他の費用」に含まれています）。

　このなかでも最大のものは、三洋電機の商標権についてのものであり、商標をパナソニックに統一した結果、三洋電機の商標権の価値が失われたと判断され、減損の対象となったものと思われます。

　このように実際には「のれん」以外の無形固定資産も、経済的な価値があるかどうか不明なものが多く、ここでの「のれん」の減損を超える無形固定資産の大幅な減損は、経営上の膿を出すために資産価値がなくなった部分を積極的に費用計上したことを思わせます。

　なお、実務上は多額の無形固定資産を計上している場合、多額のその他の流動資産と同様に資産価値の乏しいものが含まれていることが多いため、実態としてその価値があるかどうか、常に注意しておかなければなりません。

　最後の「その他の資産」には、投資や貸付金以外の資産が計上されていますが、このなかで最大のものは、その他の流動資産と同じく繰延税金資産です。

　繰延税金資産はその他の固定資産のなかに、平成22年度には

3,299億円、平成23年度には3,387億円が含まれています。

流動資産のところでもみましたが、これは税効果会計という会計制度によるもので、将来に負担するべき税金の前払い分を意味しています。

(2) 負債の部

それでは次に負債をみていきましょう。

まず、流動負債には「短期負債および1年以内返済長期負債」が計上されています。

内容的には短期借入金や短期社債、それに加えてもともと長期借入金や長期社債であったものが、1年以内返済予定になった分です。

これらは1年基準（ワン・イヤー・ルール）により、1年以内に支払われる負債として流動負債に計上されたものです。

なおこれが流動負債の冒頭に表示されているのは、米国の会計基準によるためで、日本の会計基準では支払手形・買掛金の仕入債務（買入債務）の次に表示します。

「短期負債および1年以内返済長期負債」は平成22年度には4,329億円でしたが、平成23年度には6,338億円となっており、1年間で2,008億円増加しています。

平成23年度の業績の悪化は、貸借対照表では「現金預金」の4,337億円の減少と、この「短期負債および1年以内返済長期負債」の2,008億円の増加となって表れているといってよいでしょう。

次の「支払手形」と「買掛金」をあわせたものが仕入債務（買入債務）です。

両者の合計で、その推移について検証しておきましょう。

両者の合計である仕入債務は、平成22年度には10,012億円、平成23年度には8,510億円となっています。

パナソニックでは売上高が約10％減少しているため、仕入債務も減少していて当然なのですが、その減少幅が問題です。

つまり、売上高が約10％減少している場合には、仕入債務も同じく約10％減少しているのが自然です。

これを探るため、売上債権と同様に仕入債務回転期間をみておきましょう。

仕入債務回転期間を求めるのは以下の算式によります。

$$仕入債務回転期間（日）＝\frac{仕入債務（＝支払手形＋買掛金）}{売上高÷365日（または366日）}$$

仕入債務回転期間は商品・原材料を仕入れた後、現金預金で支払うまでの期間と考えてよいでしょう。

ただしここでも分子は原価、分母は売価ですから、価格のレベルはあっていないため、あくまでも概算計算です。

この回転期間は前期末と当期末の2つの時点で求め、その日数を比較することで増加あるいは減少の日数を計算します。

なお一般的には、仕入債務回転期間の短縮の理由として、以下のような理由が考えられます。

- 期末近くの仕入れを抑制したケース
- 当社の資金繰りが良好なため、早期に支払うことで値引きによるコストダウンを図っているケース
- 早期の支払を行うことで、仕入先の資金援助をしているケース
- 当社の立場が仕入先と比較し相対的に弱く、早期の支払を求められているケース

逆に仕入債務回転期間が延長している場合の理由としては、以下のような理由が考えられます。

- 期末近くで多額の仕入れを行ったケース
- 早期の支払での値引きによるコストダウンよりも、当社の資金繰りを優先させたケース
- 当社の資金繰りが苦しく、支払の繰延べを行ったケース
- 当社の立場が仕入先と比較し相対的に強く、支払の繰延べを行ったケース

それでは仕入債務回転期間について、パナソニックで確認してみましょう。

> 平成22年度　10,012億円／86,926億円÷365＝42.0日
> 平成23年度　8,510億円／78,462億円÷366＝39.7日

　ここで仕入債務回転期間が、2.3日短縮しています。

　その要因としてはさまざまな事情が考えられますが、パナソニックの場合には、期末の仕掛品が前期比で12.1％、原材料が前年度比で11.7％減少していたこともあり、生産調整から期末近くの材料仕入れと製品の製造を減らした可能性が高いと思われます。

　つくり過ぎを防止するための、きわめて妥当な処置だと考えられます。

　次は「未払法人税等」ですが、資産の減損損失のほとんどが法人税法では費用として認められていないため、赤字決算であるにもかかわらず法人税等が発生しています。

　これが期末時点では未払いとなり、平成23年度でも325億円の未払法人税等が計上されています。

　次の「未払人件費等」と「未払費用」は、いずれも発生ずみの費用についての未払い分ですが、これらについても、平成23年度は平成22年度と比較して微増となっており、負債を網羅的に計上することで純資産（資本）の計上を抑制する、保守的で健全な会計処理が行われていることがわかります。

　赤字であってもそれとは無関係に適正な決算を行う、パナソニックの決算が優れているゆえんです。

中小企業の貸借対照表では、未払金、未払費用や引当金が計上されていない例が多いのですが、これは単にもれているだけです。

　日常的に発生する諸経費の1月分相当額程度の未払金または未払費用が計上されていて当然なのです。

　仮に計上されていなくても実際にはこれらは存在していますので、資産－負債＝資本（純資産）の関係から、もれている負債（簿外負債）の分だけ純資産（資本）が過大表示されていることになります。

　もれている負債の典型例は、未払賞与または賞与引当金と退職給付引当金です。

　これらが計上されていない場合には、その金額を推定し、負債に計上したうえで貸借対照表を見直す必要があります。

　未払賞与または賞与引当金について、たとえば3月決算の会社において12月から5月までの分の賞与を7月に支給している場合には12月から3月までの4カ月分に相当する賞与が計上もれとなっているため、7月に支給予定の賞与×4カ月／6カ月で推定額が計算できます。

　また、退職給付引当金は従業員が決算時に仮に全員自己都合退職したら支払うべき金額（期末自己都合退職要支給額といいます）を引当金として固定負債に計上して考えます。

　次の「得意先よりの前受金」は先に入金があり、後で売上げが計上される場合に将来売上収益となる負債です。

　これを収益性負債と呼んでおり、これがあると資金繰りは楽

になります。

　負債のなかでも優れものの負債といえます。

　さらに「得意先よりの預り金」と「従業員預り金」は、たとえば源泉徴収所得税預り金など、将来的に他者へ支払うことが予定されているものです。

　ここでの「その他の流動負債」についても網羅的に計上されていることがうかがわれ、経理に対する真摯な姿が表れています。

　それでは固定負債をみていきましょう。

　まず平成23年度では、「長期負債」9,417億円が計上されていますが、そのほとんどが社債によるものであり、信用格付けの高さを活かした有利な資金調達を行っています。

　次の「退職給付引当金」5,665億円は、従業員に対して将来支給するべき退職給付の支払義務を計上しているものです。

　ここで「〜金」とついていますが、これは負債であり、現金預金とは無関係ですので注意してください。

　なおこの科目は、将来的には「退職給付に係る負債」に名称が変更となる予定となっています。

　最後の「その他の固定負債」2,356億円は、税効果会計による繰延税金負債や長期預り保証金などがその内容となっています。

　それらの合計で、平成23年度末の負債合計は46,234億円となっています。

⑶ 資本（純資産）の部

最後は資本（純資産）の部です。

日本の会計基準では、会社法により純資産の部として表しますが、パナソニックは米国の会計基準で表示していますので資本の部となっています。ただし、内容的には同じです。

資本の部は大きく、当社株主資本と、非支配持分（少数株主の持分）とに分かれています。

当社株主資本はパナソニックの株主の持分を意味し、非支配持分は子会社の株主のうちパナソニック以外の株主の持分（少数株主の持分）を意味しています。

ここでは、当社株主資本に着目してみていきましょう。

平成23年度の「資本金」2,587億円と「資本剰余金」11,175億円の合計13,762億円は、もともとパナソニックの株主が拠出した金額であり、いわゆる「元手」に相当するものです。

次の「利益準備金」945億円と「その他の剰余金」14,411億円の合計15,356億円は、設立以来平成23年度末までにパナソニックがあげた利益のうち、配当等で支払った後の内部留保額であり、いわゆる「儲け」に該当するものです。

この金額とほぼ同額の当期純損失を、平成23年度と平成24年度のわずか２年間で計上するわけですから、業績悪化のすさまじさがわかります。

次の「その他の包括利益」（△は包括損失）累計額△7,351億円は、損益計算書を通さないで、直接貸借対照表の資産・負債

について、評価増あるいは評価減した金額です。

その内訳は下の補足情報に記載してありますが、主な内容としては円高による「為替換算調整額」の△4,821億円と、「年金債務調整額」△2,625億円となっています。

最後の「自己株式」2,470億円は、いったん発行した株式の買戻し額であり、これは貸借対照表上は資産ではなく、株式発行の取消しであることから資本（純資産）のマイナスとして表示します。

これらにより、平成23年度末の「株主資本合計」は19,297億円となっています。

これに「非支配持分」（少数株主の持分）477億円をあわせて資本（純資産）合計は19,775億円、負債および資本合計は66,010億円となっており、これが資産合計66,010億円と一致してバランスしています。

最後に貸借対照表の全体像をとらえる比率として、自己資本比率をみておきましょう。

自己資本比率は資本（純資産）を、負債と資本（純資産）の合計額で割った比率です。

自己資本比率＝資本（純資産）／（負債＋資本）×100％

資本（純資産）は返済不要な資金調達、負債は返済が必要となる資金調達であるため、自己資本比率が高い場合にはその分だけ負債の割合が少ないことになり、比率が高いほど財務の安

全性も高くなります。

　それではこの自己資本比率について、パナソニックで確認してみましょう。

　平成22年度　29,463億円／78,228億円×100＝37.7％
　平成23年度　19,775億円／66,010億円×100＝30.0％

　平成22年度から平成23年度にかけて、自己資本比率は7.7ポイント低下しており、業績の悪化による内部留保利益の減少の影響が端的に表れています。

　以上が貸借対照表の構造の見方の注意点ですが、損益計算書と同様に2期間比較や各種の比率分析が有効であること、回転期間分析などの損益計算書の数値も併用した分析を行うべきこと、その他の流動資産の滞留分など価値の乏しい資産は、それがないものとして考えるべきことなど、実務上の注意点が多々ありますのでご注意ください。

パナソニックの連結貸借対照表

(単位:百万円)

	平成22年度 (平成23年3月31日)	平成23年度 (平成24年3月31日)
資産の部		
流動資産		
現金および現金同等物	974,826	574,411
定期預金	69,897	36,575
短期投資	―	483
受取手形	78,979	73,044
売掛金	1,001,982	963,202
貸倒引当金	△21,860	△26,604
棚卸資産	896,424	830,266
その他の流動資産	489,601	454,663
流動資産合計	3,489,849	2,906,040
投資および貸付金	569,651	451,879
有形固定資産		
土地	381,840	374,855
建物および構築物	1,771,178	1,679,665

機械装置および備品	2,290,760	2,248,137
建設仮勘定	96,489	90,786
減価償却累計額	△2,656,958	△2,659,160
有形固定資産合計	1,883,309	1,734,283
その他の資産		
のれん	924,752	757,417
無形固定資産	542,787	345,751
その他の資産	412,522	405,685
その他の資産合計	1,880,061	1,508,853
資産合計	7,822,870	6,601,055
負債の部		
流動負債		
短期負債および1年以内返済長期負債	432,982	633,847
支払手形	60,128	53,243
買掛金	941,124	797,770
未払法人税等	42,415	32,553
未払人件費等	192,279	204,842
未払費用	747,205	749,495
得意先よりの前受金および預り金	66,473	71,102

第2章 貸借対照表の見方

従業員預り金	9,101	7,651
その他の流動負債	355,343	329,001
流動負債合計	2,847,050	2,879,504
固定負債		
長期負債	1,162,287	941,768
退職給付引当金	492,960	566,550
その他の固定負債	374,238	235,667
固定負債合計	2,029,485	1,743,985
負債合計	4,876,535	4,623,489
資本の部		
当社株主資本		
資本金	258,740	258,740
資本剰余金	1,100,181	1,117,530
利益準備金	94,198	94,512
その他の剰余金	2,401,909	1,441,177
その他の包括利益（△は損失）累積額	△625,300	△735,155
自己株式	△670,736	△247,018
当社株主資本合計	2,558,992	1,929,786
非支配持分	387,343	47,780

資本合計		2,946,335		1,977,566
契約残高および偶発債務				
負債および資本合計		7,822,870		6,601,055

補足情報

その他の包括利益（△は損失）累積額の内訳

為替換算調整額	△453,158	△482,168
有価証券未実現利益	16,835	13,283
デリバティブ未実現利益（△は損失）	2,277	△3,728
年金債務調整額	△191,254	△262,542

第 3 章

資金の見方

1 資金の考え方

(1) 資金の重要性について

　景気回復の足取りが弱い現状において、経営における資金管理の重要性は従来にも増して高まっています。

　資金が潤沢にあるため、資金需要がない企業については、金融機関がこぞって貸出競争を行う一方で、資金不足である企業については、金融機関の融資姿勢が慎重になっています。

　したがって必要なときにいつでも金融機関から資金調達できる優良企業には、そもそも資金需要がなく、その一方で慢性的に資金不足である数百万社の企業が存在しています。

　資金は人間の血液にたとえられますが、血のめぐりが悪いと人は病気となり、さらにそれが悪化すると死んでしまいます。これは企業も同じです。

　資金は仕入先・下請け先等への支払に充てられるだけでなく、従業員への給与や諸経費の支払のみならず、借入金の返済等、すべての企業活動に必要となるものです。

　したがって資金不足は企業活動にとっては致命傷となり、資金なしにはビジネスは動かない仕組みになっています。

　このため経営者には企業経営のうえで徹底した資金管理が求められると同時に、金融機関には企業の資金管理に自ら積極的

に関与する姿勢が必要といえるでしょう。

(2) 資金を生むには

逆説的ですが、資金を生むには企業努力により利益をあげるしかありません。

借入金の返済には利益で返済する利益返済と、その場でなんとか必要となる資金をつくる資金繰り返済がありますが、本当に借入返済といえるのは利益返済だけです。

資金繰り返済の場合は、返済に充てるため他の資金を利用しているにすぎません。

利益がないと、最終的に資金が不足するという事実は非常に重要です。

さらにその利益は、良質の利益であることも必要となります。

たとえば資金回収よりも売上げをあげることを優先した押込販売を行い、無理に利益を計上したとしても、売上債権の回収が長期化しているような場合には、その売上げによる利益は良質ではありません。

正常な回収条件に基づく取引による利益が良質な利益なのですが、現状の不況下ではかろうじて得られる少額の利益も質が悪いことが多く、最終的には資金回収にはつながっていないケースがよくあります。

良質の利益をあげるのに経営上の特効薬はなく、ただ地道な努力があるのみです。

(3) 利益は意見、キャッシュ（資金）は事実

古くから伝わることわざに、「利益は意見、キャッシュ（資金）は事実」という格言があります。

その意味するところは、減価償却などの決算整理を考えるとよくわかります。

減価償却は購入した固定資産を決算整理時に、少しずつ費用に移していく手続です。

減価償却の方法はいろいろあり、たとえば定率法と定額法とでは、減価償却の初年度は、定率法による償却額は定額法による償却額の2倍（200％定率法といいます）となっています。

たとえば取得原価100万円の固定資産を5年間で減価償却する場合、定額法による減価償却額は1年当り20万円ですが、定率法による減価償却額は初年度は40万円になります（もっとも、その後は定率法による償却額は減少していきます）。

企業会計では、このうちどちらかを選択することが認められています。

期中の営業取引は基本的には現金取引や掛取引であり、減価償却と異なり、処理の仕方は画一的です。

これに対して決算整理は、費用の発生といった目でみえないものを会計処理するため、観念的・概念的なものであることから、複数の処理が考えられるのです。

今日の企業会計では、一般に公正妥当と認められた会計原則の枠内において会計処理の選択を行い、その限りにおいてその

会計処理はすべて正しいものとされているため、結果的に正しい利益は複数あることになります。

この点については、以下の図をご参照ください。

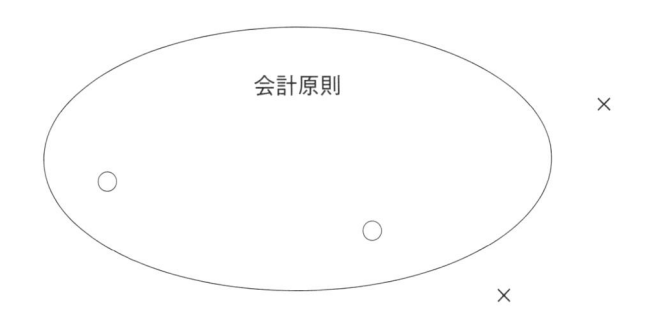

```
         会計原則
                        ×
    ○
          ○
                    ×
```

つまり、会計原則の枠内での選択をすることはできますが（○はいずれも会計原則の枠内）、その枠を超えてしまった場合には、決算は不適正なものとなります（×はいずれも会計原則の枠外）。

このことから、企業会計は「記録と慣習と判断」に基づくものであるとされ、最後の判断が入る以上、企業利益は主観的なものとなるため、企業会計における真実性は「相対的真実性」と呼ばれています。

これに対して、資金の増減は期中の営業取引に限られているため、決算整理において資金は動かない仕組みになっています。

したがって資金の金額には判断は入らず、常に1つの金額だけとなります。

資産に計上される現金預金は1つの金額だけしか計算されず、判断による主観が入ることはないのです。
　資産である現金は実際にそれを数えることで金額が確定しますし、預金は通帳や証書以外にも金融機関から残高証明書を取り寄せて金額を確認することができます。
　一方で損益計算書の当期純利益の額は、会計処理の方法によってその金額が異なり、主観的な金額とならざるをえません。
　このように利益は主観的なもの、キャッシュ（資金）は客観的なものであるという性質をもっているため、これを称して「利益は意見、キャッシュ（資金）は事実」と呼んでいます。
　しかしながら実は、資金も操作できる性質をもっています。
　たとえば利益をつくる手段として有価証券の売却による、いわゆる益出しがありますが、この売却によって同時に資金をつくることができます。
　つまり、有価証券を売却すれば資金をふやすことができるのです。
　また、仕入債務の支払を意図的に引き延ばすことで、資金の減少を一時的に止めることも可能です（やりすぎると仕入先が迷惑しますが）。
　さらに、借入れを行って資金をふやすことや、借入れの繰上償還により意図的に資金を減らすことも可能です。
　たしかに「キャッシュ（資金）は事実」なのですが、その金額を意図的に調整することは可能なのです。

金融機関としては利益の操作だけでなく、こういった資金の調整にも目を光らせておかなければなりません。

(4) 利益は野球、資金はボクシング

これも格言ですが、「利益は野球、資金はボクシング」にたとえられることがあります。

収益から費用を差し引いて利益を計算する損益計算が野球と似ているのは、9回裏の逆転満塁ホームランによって、それまでの赤字を一挙に黒字化することができるからです。

つまり期中はずっと赤字であっても、たとえば期末間際の売上げや、含み益をもった不動産の売却により損益を黒字転換することは可能です。

実際に中小の建設業や不動産業は、このパターンが非常に多いのです。

しかし、資金繰りはそうはいきません。

日常的には資金が潤沢であったとしても、たまたま一時的に資金ショートすれば、それでおしまいです。

つまりボクシングのようにテンカウントでノックダウン負けをすれば、それで終わってしまうわけです。

その後で立ち上がっても、試合を継続することはできません。

このように資金は、瞬間的に負けが決まってしまうため、利益よりもさらに厳しい管理が必要となります。

(5) 利益は栄養、資金は血液

また、「利益は栄養、資金は血液」にたとえられます。

「資金は血液」は、実感としておわかりいただけると思います。

資金の流れが止まれば、死んでしまうのが当たり前です。

一方、栄養が足らないと栄養失調となり、立っているだけでフラフラの状態となります。

いまにも倒れそうな企業は、人間と同様に栄養失調なわけです。

貧血と栄養失調には非常に密接な関係にあり、栄養失調は必然的に貧血を招きます。

したがって、貧血にならないためには栄養をとる必要があるわけです。

栄養が十分にいきわたっている企業、つまり良質な利益が正常に出ている企業は血液のめぐりもよく、健康体の企業であるといえるでしょう。

(6) 資金の流れをよくするには

企業の資金需要は、大きく運転資金と設備資金、およびその他の投融資資金の３つに分かれます。

まず、運転資金の内容からみていきましょう。

① **棚卸資産（在庫）の管理**

　有名なことわざに「経営は在庫に始まり在庫に終わる」という格言があります。

　これは、小売業や不動産販売業など在庫をもつ業種の場合には、経営上の主要な課題は在庫管理にあるという意味です。

　在庫は資金が仕入れから販売により資金に戻るプロセスの間の状態、言葉をかえれば資金が寝ている状態であり、販売によって回収されるまでは資金に戻りません。

　仮に利益があがっていたとしても、それが在庫見合いであるケースを考えてみましょう。

　この場合には、貸借対照表上の資産のなかの棚卸資産と、純資産（資本）のなかの剰余金が見合っており、このままでは現金預金がゼロの状態となってしまいます。

　一方で各種の支払は、売上げや資金回収の有無とはまったく関係なく発生するため、在庫の滞留は企業の資金にとって致命的な影響をもたらします。

　それだけでなく、滞留在庫は損益にも悪影響をもたらします。

　たとえば、在庫の保管のための倉庫の賃借料が発生しますし、倉庫を自社で所有した場合には減価償却費がかかります。それ以外にも保険料等の物件費、在庫管理のための人件費が発生します。

　さらには在庫をもつための借入金がある場合には、支払利息

が発生します。

これらの費用は固定費の典型例であり、売上げの有無にかかわらず発生するものです。

さらにきわめつけは、滞留在庫はその品質低下や陳腐化により、在庫としての価値が失われる（資産としての価値がなくなる）ことが最大の問題です。

品質低下は在庫そのものが悪くなる状態ですが、時代の変化のスピードの速い現在では、品質は悪くなっていないにもかかわらず価値がなくなる陳腐化が大きな問題となっています。

陳腐化の現象はパソコン等のIT関連商品やテレビなどの家電製品について顕著ですが、型落ちとなるスピードは尋常ではありません。

陳腐化が起こっていても、外観上はそれがわからないため、問題はより深刻です。

いまやすべての商品が生鮮食品化している状態といっても過言ではありません。

つまり、仕入れたその日のうちに売り切ることが当たり前となっており、そのために売価を下げてでも見切り売りすることが必要となってきているのです。

一方、在庫が少なすぎる場合には、もしも在庫があった場合に得られた利益を失うリスクである、いわゆる機会損失が発生します。

結論的には必要最小限の在庫が適正在庫であり、これを超える在庫は過大な在庫となるため、過大な在庫を圧縮することが

大きな経営課題となっています。

②　売上債権（受取手形、売掛金）の管理

　売上債権の滞留は、在庫の滞留とほぼ同じ問題を引き起こします。

　在庫は売上げによって売上債権となりますが、売上債権は回収により現金預金となってはじめて、支払資金として各種の支払に充てることができます。

　無理な売上げを行う場合には回収条件を緩和させることとなり、売上債権の回収が大きく遅れることがあります。

　この場合は滞留債権となり、在庫の滞留と同様に資金繰りを苦しくします。

　売上債権については、保管場所は不要なため、倉庫代や減価償却費等の物件費は発生しませんが、債権管理のための人件費は在庫と同じように発生します。

　さらに売上債権見合いの借入金がある場合には、支払利息も発生します。

　在庫が品質低下・陳腐化するように、売上債権は先方の業績の悪化や資金状況の悪化によって回収不能となることがあります。

　売上債権がまず滞留債権となり、それがそのまま回収不能となるケースは実際に多いのです。

　このように、売上債権の滞留は在庫の滞留と同じリスクがあり、売上債権の圧縮も在庫の圧縮と同様に重要な経営課題で

す。

③ その他の流動資産の管理

その他の流動資産とは、未収金、立替金、仮払金、前払金、前払費用、および短期貸付金等のいわゆる雑流動資産のことです。

業績の芳しくない企業では、これらがその他の流動資産として滞留しているケースが多く、その場合には資産としての価値が極端に乏しくなります。

その他の流動資産は、本来は1年基準（ワン・イヤー・ルール）で流動資産に計上されているものですから、1年以内に回収ないしは費用化されていなければ、辻褄があいません。

したがってこれらが1年以上滞留していれば、よくて固定資産であり、回収不能な場合には損失が発生しています。

こういった状況をふまえて、金融機関の融資審査においては、その他の流動資産は貸借対照表の資産から取り除き、同額を純資産（資本）から取り除く作業が行われています。

この場合、これらの修正を行った後で、流動比率や自己資本比率を算定することになります。

なお、このような貸借対照表を実態貸借対照表と呼んでいます。

この修正により純資産（資本）がマイナス、つまり債務超過となれば、それがその企業の実態を表すありのままの姿です。

さらにその他の流動資産が前期比で増加している場合は、そ

の増加額は費用計上の先送りであることが多いため、損益計算書に表示されている当期純利益からその増加額を差し引いて考えるべきです。

④ 仕入債務（支払手形、買掛金）の管理

自社の資金負担だけを考えれば、仕入債務は極力遅く支払うことで、自社の資金負担を減らすほうがよいということになります。

実際に大企業では仕入先に対する立場が強く、たとえば業界では印刷業界で顕著なのですが、仕入れにあたり製品の検収期間を長くとることで、仕入債務の支払を引き延ばしているケースがあります。

同じように仕入債務の支払を延長しているケースでも、自社の資金繰りが苦しくて支払を待ってもらっているケースもあり、仕入債務の支払の延長はその理由まで見極めなければなりません。

逆に仕入債務の支払を早めているケースにも、即金での支払をすることで安く仕入れることができることを利用して、仕入値のコストダウンを図っているケースだけでなく、仕入先に支払条件を厳しくされてしまい現金払いをしているケースや、逆に仕入先の資金繰りが苦しく、仕入先に対する資金援助のため現金払いをしているケースなどもあり、その理由まで深く考えなければなりません。

金融機関は企業の業績や仕入先との力関係、その他の諸要素

を総合的に勘案して、仕入債務の増減変化の分析を行うことが必要です。

⑤ 設備投資資金について

　運転資金の次には、設備資金についてみていきましょう。

　設備資金は貸借対照表でいえば、有形固定資産の増加につながる設備投資のための資金です。

　過大な設備投資も、資金に悪影響を及ぼす典型例です。

　設備投資は有形固定資産に資金を固定化し、その後は長期間にわたる減価償却を通じた回収となるため、資金回収に長期間を要します。

　また設備投資は金利が低く景気のよい時に行われることが多く、その後に景気が悪化し需要が後退した場合には、減価償却費が固定費となって損益を悪化させる要因となります。

　それに加えて生産能力維持のための人件費も発生しますし、設備投資資金を借入金で調達した場合には支払利息も発生します。

　最終的には、過剰な設備を廃棄する際に除却に係る損失まで発生します。

　設備投資に投じた資金は、売上げによって回収するほかはありません。

　設備投資に充てられた借入金の返済も、売上げによって得られた資金が原資となります。

　したがって設備投資の額を超える資金回収がない場合には、

借入金の返済ができないことになり、必然的に経営は苦しいものとなります。

設備資金とは若干異なりますが、企業買収等において「のれん」やその他の無形固定資産が計上されるケースがふえてきています。

パナソニックでもみたように、これらの「のれん」や各種の権利はその実体に乏しく、その資産価値も減価償却と同様に観念的・概念的なものであるケースが多々あります。

たとえば「のれん」は超過収益力ですから、利益をあげる力があってはじめて資産として認められます。

現実には「のれん」を計上した翌年度に赤字になることも多いのですが、この場合にはそもそも「のれん」がなかったことを意味しています。

金融機関の審査では、こういった価値のない資産については極力消極的に解釈する必要があります。

⑥　その他の投融資資金について

設備投資は社内への投資ですが、その他の投資である投融資は社外への投資です。

投資とは、株式等の出資による資金の運用であり、投資有価証券等の科目で表示されます。

一方の融資とは、貸付金による資金の運用であり、長期貸付金等の科目で表示されます。

投資の回収は受取配当金や元本回収としての投資有価証券の

売却により行い、融資の回収は受取利息や貸付金の回収により行うことになりますが、実際には回収が困難になることも多く、安心はできません。

投融資の回収が不能となった場合には、投資有価証券には評価損が、長期貸付金等には貸倒損失が発生することとなります。

つまり投資と融資は、実態としては一体と考えて評価することが必要です。

実際には評価損や貸倒損失が発生していながら、それを計上していない決算はよくあります。

したがって投融資に関しては、投融資先企業の財務状況やその回収のスケジュールを十分に注意する必要があります。

2 損益と資金の違い

(1) 現金取引のみのケース

現金取引のみであれば、損益の計算と資金の計算の結果は一致します。

たとえば10万円で仕入れた商品を、15万円で現金販売する場合を考えてみましょう。

スタート時点で10万円の現金があると仮定します。

この10万円を元手にして商品を仕入れ、この商品を15万円で現金販売するとします。

この一連の取引により現金は当初10万円から商品10万円に姿を変え、それが販売によってさらに15万円の現金に変わるため、差引きで5万円現金がふえています。

また損益計算では、売上高15万円から売上原価10万円を差し引くと5万円の利益となります。

損益：売上高15万円 − 売上原価10万円 ＝ 利益5万円

資金：収入15万円 − 支出10万円 ＝ 資金の増5万円

---

(2) 掛売上げがあるケース

次に掛売上げがあるケースを考えてみましょう。

先ほどと同様に10万円で仕入れた商品を15万円で掛売上げを行うケースについて考えてみましょう。

スタート時点で10万円の現金があると仮定します。

この10万円で商品を仕入れ、この商品を15万円で掛販売するとします。

この一連の取引により現金は当初の10万円から商品10万円に姿を変え、それが販売によってさらに15万円の売掛金に変わっています。

損益の計算上は商品を引き渡した時に売上げを計上するため、それと同時に売掛金という売上債権が発生しています。

これにより損益の計算では、現金売上げと同じく売上高15万円から売上原価10万円を差し引くと5万円の利益が計上されます。

一方で資金は当初の10万円が商品の仕入れによってゼロになっており、結果的に10万円減少しています。

損益の計算上は利益が5万円計上されますが、一方で資金の計算上はマイナス10万円です。

これがいわゆる「勘定あって銭足らず」という状態で、「黒字倒産」が現実に起こりうる理由です。

損益：売上高15万円 − 売上原価10万円 ＝ 利益5万円

資金：収入ゼロ円−支出10万円＝資金の減10万円

(3) 手形売上げがあるケース

手形売上げがあるケースも掛売上げのあるケースと同様に利益は5万円ですが、資金はマイナス10万円となり、このケースも「勘定あって銭足らず」になります。

損益：売上高15万円−売上原価10万円＝利益5万円
資金：収入ゼロ円−支出10万円＝資金の減10万円

それでは掛売上げと手形売上げの違いについて確認しておきましょう。

当社の売掛金は相手会社の買掛金であり、当社の受取手形は相手会社の支払手形ですが、買掛金と支払手形では倒産するリスクに大きな違いがあります。

買掛金を支払えなければ信用を失いますが、すぐに倒産するわけではありません。

しかし支払手形の決済ができない場合には、その手形は不渡手形となり、2回不渡りとなると銀行取引停止処分になります。

こうなると資金繰りがつかずに会社は倒産になります。

一方の受取手形を期日前に資金に変える方法としては、金融機関での割引があります。

手形の割引は、法律的には企業から金融機関への手形の売却を意味するため、会社側での支払割引料は手形売却損の科目で表示することとなっています。

　一方、金融機関の側からみると受取手形を担保とした手形貸付です。

　このため必要となる運転資金の計算の際には、割引手形を受取手形に足し戻して割引前の状態で計算し、手形の割引は短期借入金と同様に取り扱います。

(4) 掛仕入れがあるケース

　今度は掛仕入れがある場合を考えてみましょう。

　これまで同様に10万円で仕入れた商品を、15万円で現金販売するケースを考えてみましょう。

　ここではスタート時点の現金をゼロ円と仮定します。

　掛けで10万円の商品を仕入れ、この商品を15万円で現金販売すると、現金はスタート時点のゼロ円から販売によって15万円の現金に変わっているため、資金の計算は差引き15万円の増加となります。

　また、損益の計算では売上高15万円から売上原価10万円を差し引いた5万円の利益が計上されます。

損益：売上高15万円－売上原価10万円＝利益5万円
資金：収入15万円－支出ゼロ円＝資金の増15万円

なお15万円の資金を原資に、後日買掛金10万円を支払うと、その段階で資金の計算は差引き5万円となり、損益の計算結果と同じになります。

　掛けによる取引（信用取引）はその決済が終わると、現金取引と同じになるのです。

損益：売上高15万円－売上原価10万円＝利益5万円
資金：収入15万円－支出10万円＝資金の増5万円

---

(5) 手形仕入れがある場合

　手形仕入れがある場合も基本的には掛仕入れがある場合と同じです。

損益：売上高15万円－売上原価10万円＝利益5万円
資金：収入15万円－支出ゼロ円＝資金の増15万円

　経済界における手形取引は近年大幅に減少していて、手形交換所は現実には小切手交換所になっていますが、減少の理由としては手形取引による倒産リスクの回避以外にも、印紙税の節約や人件費等の管理コストの節約があります。

　また、いったん信用が失われると手形割引が断られる、いわゆる「割止め情報」が流れることもあり、この割止めリスクを回避するために、支払手形の振出しをやめる企業も存在してい

ます。

(6) 棚卸資産（在庫）がある場合

それでは棚卸資産（在庫）がある場合には、資金と損益はどのようになるでしょうか。

ここでもスタート時点で10万円の現金があると仮定します。

この10万円で商品を仕入れ、この商品を15万円で掛販売する予定だったものが、売れずに在庫として残ってしまった場合を考えてみましょう。

損益の計算上、商品仕入れ自体は売上原価となるまで損益に影響しないため、売上高と売上原価はともにゼロとなり、差額の利益もゼロとなります。

一方で資金の計算上、現金はスタート時点の10万円から商品10万円に姿を変えているため、資金は差引き10万円の減少になります。

現金が在庫に姿を変えた分だけ、在庫が資金負担となっているわけです。

損益：売上高ゼロ円 − 売上原価ゼロ円 ＝ 利益ゼロ円
資金：収入ゼロ円 − 支出10万円 ＝ 資金の減10万円

---

(7) 前受金がある場合

最後に前受金があるケースをみておきましょう。

前受金は負債に計上されますが、いずれ売上げに振り替わり、その返済が不要であるため、資金を豊富にする手段として有用性が高いものです。

　これまでと同じように10万円で仕入れた商品を15万円で販売するケースについてみてみましょう。

　ここではスタート時点の現金をゼロ円とします。

　商品を仕入れる前に前受金15万円を受け取ることができれば、これを商品の仕入代金に充てることができます。

　前受金によって得られた現金15万円を元に、商品10万円を現金で仕入れるとしましょう。

　このケースで資金の計算上は、現金が前受金により15万円増加し、商品仕入れにより10万円減少しています。

　一方で前受金や商品仕入れは損益にいっさい影響はなく、損益面では売上高ゼロ円、売上原価ゼロ円であり、差額の利益もゼロ円になります。

損益：売上高ゼロ円－売上原価ゼロ円＝利益ゼロ円

資金：収入15万円－支出10万円＝資金の増５万円

　前受金は支払利息がいらない資金調達であり、実務上の活用の幅は広く、実際の例としては商品券やプリペイドカードの発行などがこれに該当します。

　なお、その後に商品を引き渡すと損益計算上、売上高15万円と売上原価10万円が計上されて差額の利益は５万円となるた

め、損益の計算と資金の計算は一致することになります。

> 損益：売上高15万円－売上原価10万円＝利益5万円
> 資金：収入15万円－支出10万円＝資金の増5万円

(8) 固定資産の減価償却

減価償却による費用配分

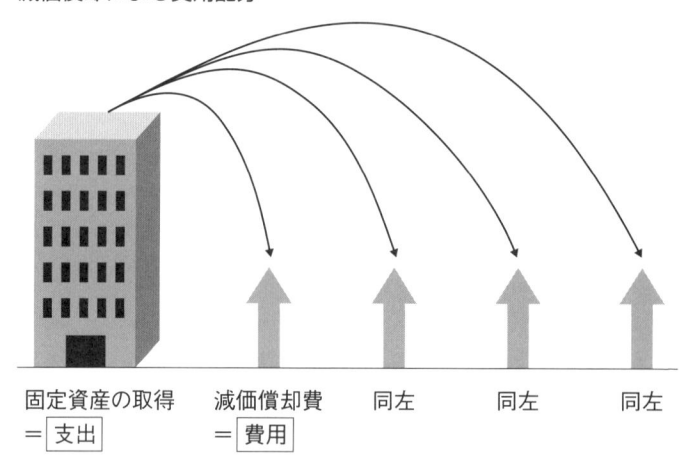

| 固定資産の取得 | 減価償却費 | 同左 | 同左 | 同左 |
| ＝ 支出 | ＝ 費用 | | | |

　損益と資金のずれが長期間にわたる例として、減価償却を取り上げてみましょう。

　決算整理は資金に影響を及ぼしませんでしたが、減価償却は決算整理の典型的な事例ですので、ここで確認しておきましょう。

　減価償却は固定資産の価値の減少を費用として認識するもの

ですが、概念上・想像上の費用であり、資金には影響しないため、「支出を伴わない費用」と呼ばれています。

たとえば建物を現金で購入した場合には、支出は購入時点で終わっています。

仮に代金が分割払いとなる場合は、その支払時の資金負担となりますが、その支払のタイミングは減価償却とは無関係です。

つまり固定資産の購入による支出が先行し、その後で減価償却費という費用が計上されます。

償却の年数は資産の種類によって異なり、たとえば建物の減価償却は数十年に及ぶのが当たり前なのですが、こういった複雑な手続をとるのには理由があります。

その最も大きな理由として、企業会計が目的としているのが期間損益計算の適正化であることがあげられます。

企業会計の目的は損益の計算であり、資金の計算ではないということです。

仮に取得時に支出があり、その時に費用処理するとすればその事業年度は大赤字になりますが、逆にそれ以降の期間は費用がないため売上収益分だけの利益が計上されます。

数年間または数十年間利用する固定資産は、取得時に費用として考えるのではなく、それが使用できる期間にわたり発生する費用であると考えられます。

つまり固定資産は長期間に及ぶ費用の前払いとみるわけです。

このことから固定資産の取得原価をそれを利用する期間に費用として配分することで、固定資産を使用している期間の収益と対応させるほうが、期間損益計算がより適正に計算されると考えられるのです。

　つまり期間損益計算を適正に行うために、費用収益対応の原則に基づいて、減価償却という費用配分を行うわけです。

　さらに減価償却費は、「自己金融」効果をもっているといわれています。

　たとえば現金売上高が200万円、仕入れに要した現金支払費用（売上原価）が150万円、それ以外に減価償却費が30万円あった場合、損益計算は売上高200万円－売上原価150万円－減価償却費30万円＝利益20万円となります。

　一方、資金計算は売上収入200万円－仕入支出150万円＝50万円になります。

　この場合、損益計算での利益20万円から法人税等を支払い、残りを配当金等で分配したとしても減価償却費相当の30万円の現金が社内に残ります。

　これが減価償却費の自己金融効果といわれるものです。

　このように固定資産は減価償却を通じて、売上げにより資金回収していき、かつ減価償却費相当額が社内に留保される性質をもっているのです。

　したがって減価償却費の範囲内で新規の設備投資を行う場合は、新たな借入れは不要となります。

　これだけではなく、法人税法で認められた範囲での減価償却

費は、法人税法上も費用として認められる結果、法人税等を節約する「節税効果」をもちます。

なおここで、減価償却費についての法人税法上の限度額と、会社法上の限度額の関係もみておきましょう。

法人税では、減価償却費についての上限を設けています。

つまり法人税法上は減価償却費について、ここまでは費用として認めてあげましょうという姿勢です。

法人税法では仮に減価償却を行わなくても、まったく問題がないわけです。

一方、会社法では期間損益計算の適正化を図るため、減価償却は強制されています。

その会社法は、法人税法で認める範囲の減価償却は最低限必要と考えています。

したがって減価償却を行わない決算は、法人税法上は問題なくても、会社法には違反しています。

これにより、次の算式が導き出されます。

減価償却費の法人税法上の最高限度額 ＝ 減価償却費の会社法上の最低限度額

資金との関係では、減価償却は概念上・想像上の費用であるため、その節税効果を除いて資金には影響しません。

たとえば設備投資資金のもととなる「いわゆるキャッシュフロー」は、当期純利益に減価償却費を加え、配当金を差し引い

て計算します。

　この場合に減価償却費を加えているのは、当期純利益の計算する際に費用としてマイナスされている部分を取り消すためであり、減価償却を行うことで（その節税効果を除いて）資金が増加するわけではありません。

　つまり決算整理を行っても、損益には影響しますが、それで資金が増減することはないのです。

　特に中小企業では、減価償却を通じた利益の調整が当たり前のように行われていますので、これにも注意が必要です。

　減価償却費は会社法上、一定の償却方法に従って計画的・規則的に行わなければならない（これを正規の減価償却といいます）ものであり、任意に増減させることはできません。

　しかし中小企業では、業績が悪くなると減価償却費を減らして利益を出そうとし、業績がよくなると減価償却費をふやして利益を減らそうとするケースが多いように思います。

　減価償却費が急に減少したときは業績が悪化したシグナル、急に増加したときは業績がよくなったシグナルとみてよいでしょう。

(9) 資産の評価損

　資産の評価損は、減価償却と同様に支出が先行し、費用が後追い計上されるパターンです。

　たとえば商品について陳腐化による評価損を計上した場合には、評価損分だけ商品を減額しますし、固定資産に減損損失

（価値が著しく低下した際の評価損）を計上した場合には、これも減損分だけ固定資産を減額します。

ここでの商品評価損や減損損失は減価償却費と同様に「支出を伴わない費用」であるため、自己金融効果をもちます。

パナソニックは多額の減損損失を計上していましたが、それはすべて「支出を伴わない費用」であり、資金には影響しないのです。

なおこれらが税務上の費用として認められるかどうかですが、商品評価損の場合には著しい陳腐化など一定の要件を満たした場合には認められます。

一方の減損損失は、その金額の客観性が乏しいこともあり、ほとんどのケースで認められません。

パナソニックが大赤字であったにもかかわらず、法人税等が発生していたのはそのためです。

なお、商品評価損と似て非なるものに商品減耗損があります。

これは商品自体がどこかに行ってしまい、行方不明となっているものです。

これも支出を伴わない費用であるため自己金融効果をもち、さらには税務上も費用として認められるため節税効果をもちます。

中小企業では商品の実地棚卸を行っていないケースが多く、その場合には商品減耗損が発生していても気がつきません。

こういったケースでは評価損と同様に減耗損も含み損となっ

てしまい、資産が過大に計上されてしまいます。

　金融機関の審査上は、これらの含み損にも気をつけなければなりません。

　大企業では商品評価損、商品減耗損や減損損失は会計基準どおりに計上して当然なのですが、中小企業では規制が緩いこともあり、これが計上されているケースはほとんどありません。

　逆にいえば、これが計上できるようになれば一人前の会社です。

　会社が資産の評価損を計上できるようになったなら、金融機関はそれを積極的に評価しなければなりません。

　逆に設立以来一度も資産評価損を計上していない、あるいは商品在庫が多額であるにもかかわらず商品評価損が計上されていなければ、評価損が発生していないのではなく、評価損を計上できる余裕がないとみたほうがよいでしょう。

⑽　引　当　金

　引当金は減価償却と考え方は似ているのですが、図で示すと左右がちょうど反対になります。

　減価償却費は支出が先行し、その後に費用が計上されるパターンでしたが、引当金は反対に費用が先行し、その後に支出が計上されるパターンになります。

　たとえば図の退職給付引当金は、退職金を支給する前に退職給付費用という費用により退職金の前倒しによる期間配分を行う際に計上されます。

退職給付引当金による費用配分

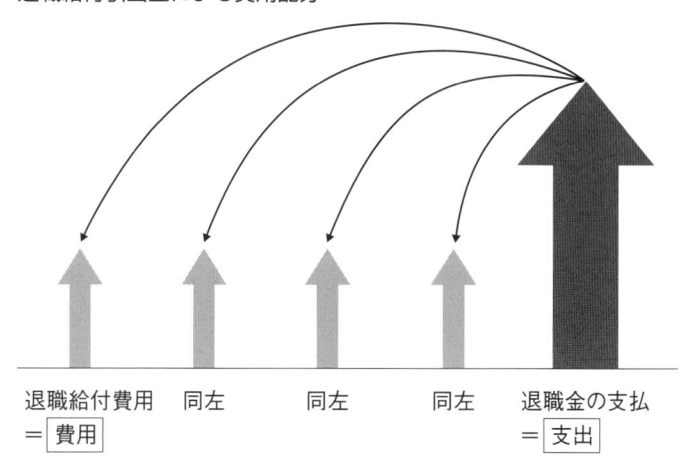

| 退職給付費用 | 同左 | 同左 | 同左 | 退職金の支払 |
| ＝ 費用 | | | | ＝ 支出 |

　退職金は退職時に瞬間的に費用として発生するのではなく、それまでの労働の対価として支払われるものであるため、在職時の各事業年度の収益に対応すると考えられるからです。

　つまり引当金も減価償却と同じように、期間損益計算の適正化のために、費用収益対応の原則に基づいて費用配分を行うのに使われるわけです。

　なお、ここでの退職給付費用は退職給付引当金繰入額という意味で使っています。

　この退職給付費用は費用として計上されますが、「支出を伴わない費用」であり、減価償却費と同様に自己金融効果があります。

　ただし退職給付引当金は、法人税法では認められていないため、減価償却費とは異なり、節税効果はありません（法人税で

は支払時の費用となります)。

　退職給付引当金の計上は退職給付会計として、会計士による監査の対象となる上場会社や大会社では義務づけられていますが、会計士監査の対象外である中小企業ではほとんど行われていません。

　したがって、中小企業であっても退職給付引当金を計上している場合は、その企業は会計基準に忠実な優良企業であるとみることができます(国税庁の統計では全会社の5％程度の比率となっています)。

　また、注意しなければならないのは退職給付引当金と最後に「金」がついていても、これは負債に計上されるものであり、現金預金とは無関係である点です。

　引当金繰入額には自己金融効果がありますが、その資金がそのまま現金預金として存在しているかどうかは別問題です。

　現実には自己金融効果によってもたらされた資金は、運転資金等に使われているケースが大部分です。

　したがって引当金を計上していれば健全な会計処理といえるのですが、それよりも中小企業退職金共済や生命保険会社等(年金基金)へ支出する、いわゆる外積みが望ましいのです。

　この場合には費用と支出が同時に発生するため、引当金のように自己金融効果はありませんが、退職金の支払は年金基金から支払われますので退職金支払時の資金負担はありません。

　また、年金基金への外積みの場合は、その金額は法人税法でも費用になります。

年金基金への外積みで退職金が100％カバーされているのが理想であり、その場合には退職給付引当金はいらなくなります。

⑾　当期純利益といわゆるキャッシュフロー

　設備投資資金には「いわゆるキャッシュフロー」という概念があります。

　「いわゆるキャッシュフロー」は自己資金に当たるため、その範囲内で設備投資をすれば新たな借入金は不要となります。

　また、長期借入金で調達した資金で設備投資を行った場合には、その後において「いわゆるキャッシュフロー」で利益返済していくことになります。

　この「いわゆるキャッシュフロー」には、その計算の精度によりさまざまな計算方法がありますが、ここでは最も簡便な方法として決算書での求め方をみていきましょう。

　この計算式は以下のとおりです。

「いわゆるキャッシュフロー」
　＝当期純利益＋減価償却費－配当金

例：当期純利益500万円、減価償却費200万円、配当金50万
　　円の場合には
　　いわゆるキャッシュフロー＝当期純利益500万円
　　　　　　　　　　　　　　　　＋減価償却費200万円

> 　　　　　　　－配当金50万円
> 　　　　　　＝650万円　となります。

　ここで当期純利益と減価償却費は損益計算書に記載の金額であり、配当金は株主資本等計算書に記載されています（利益処分という概念は会社法ではなくなりました）。

　なお以前の旧商法では、社外流出項目は配当金だけでなく役員賞与もありましたが、平成18年5月の会社法施行後は、役員賞与は費用に含められた結果、配当金だけが社外流出となっています。

　また、旧商法における配当は当期分の配当を翌期に支払う仕組みになっていたため、ここでマイナスされるのは翌期に行われる利益処分による配当金でした。

　しかし会社法における配当金にはそのような仕組みはなく、ここでマイナスされるのは当期中に支払われた配当金ですので、配当金の計上のタイミングが繰り上がっています。

　ここでの減価償却費は、「支出を伴わない費用」を足し戻すために当期純利益にプラスされているにすぎず、減価償却費自体は節税効果を除いて資金には影響しないことにも注意してください。

　さらに減価償却費と同様に退職給付費用（退職給付引当金の繰入額のことです）も「支出を伴わない費用」であることから、「いわゆるキャッシュフロー」の計算上足し戻しを行うことがありますが、実際にはその例は少ないようです。

3 資金繰り表の見方・つくり方

　それでは資金繰り表をみていきましょう。

　資金繰り表には資金繰り実績表と資金繰り予定表がありますが、実務上は資金繰り予定表が重要ですので、皆様はその見方とつくり方の習熟を目指してください。

　この資金繰り予定表をつくるには、まず資金繰り実績表をつくるところから始めます。

　最近では仕訳や決算書を入力すると、自動的に資金繰り実績表が出てくるソフトもありますので、ぜひ研究してください。

　まずは資金繰り実績表の作成から始め、それを理解したうえで資金繰り予定表の作成に進んでください。

　資金繰り予定表は、3カ月程度先までの予定表があれば問題ありません。

　金融機関内部の職員が融資についての稟議書を作成するにあたり、会社の資金繰り予定表を自分でつくっているケースをよくみかけますが、これではいつまでたっても経営者の資金管理能力は向上しません。

　中小企業であれば、まず金融機関職員と経営者・管理者とが一緒に資金繰り表を作成し、経営者につくり方を理解してもらい、その後は経営者・管理者が自分たちで作成できるように指導するのが望ましいでしょう。

これによって、経営者・管理者はいつ、いくら資金が必要になるのかを自分たちで管理できるようになるため、本来の経営に専念することができます。

　金融機関にお勤めの皆様は、経営者・管理者に資金管理の手法を教授することで、その持ち味をフルに活かせる状態、つまり自分たちで自社の資金を常時把握できる状態をつくることが、本当の職務であることを理解してください。

(1) 3部制資金繰り表の見方

　資金繰り表にはさまざまな様式がありますが、まず一般的な3部制の資金繰り表をみていきましょう。

　3部制資金繰り表は、資金の動きを「経常収支の部」「設備関係等収支の部」、および「財務収支の部」の3つに分けて表示します。

　この区分は、キャッシュフロー計算書の3区分である「営業活動によるキャッシュフロー」「投資活動によるキャッシュフロー」、および「財務活動によるキャッシュフロー」の3区分と内容的にほぼ同じです。

3部制資金繰り表

			月実績	月予定	月予定
	前 月 よ り 繰 越 し (A)				
経常収支	収入	現 金 売 上 げ			
		売 掛 金 回 収 (現金)			
		(売掛金手形回収)	( )	( )	( )
		割 引 手 形			
		(割引手形落込み)	( )	( )	( )
		手 形 期 日 入 金			
		前 受 金			
		そ の 他			
		収 入 計 (B)			
	支出	現 金 仕 入 れ			
		買 掛 金 支 払 (現金)			
		(買掛金手形支払)	( )	( )	( )
		支 払 手 形 決 済			
		人 件 費			
		諸 経 費			
		支払利息・手形売却損			
		前 渡 金			
		そ の 他			
		支 出 計 (C)			
	差引過不足 (D) = (B) - (C)				
設備関係等の収支	収入	有形固定資産売却収入			
		有価証券売却収入			
		そ の 他 の 収 入			
		収 入 計 (E)			
	支出	設 備 資 金 支 払			
		有 価 証 券 購 入			
		決 算 資 金 支 出			
		そ の 他 の 支 出			
		支 出 計 (F)			
	差引過不足 (G) = (E) - (F)				
財務収支	収入	増 資			
		社 債 発 行			
		短 期 借 入 金			
		長 期 借 入 金			
		そ の 他 の 収 入			
		収 入 計 (H)			
	支出	社 債 償 還			
		短 期 借 入 金 返 済			
		長 期 借 入 金 返 済			
		そ の 他 の 支 出			
		支 出 計 (I)			
	差引過不足 (J) = (H) - (I)				
翌月へ繰越し (A) + (D) + (G) + (J)					
	売 上 高				
	仕 入 高				
月末残高	受 取 手 形				
	(内 割 引 手 形)		( )	( )	( )
	売 掛 金				
	棚 卸 資 産				
	支 払 手 形				
	買 掛 金				
	短 期 借 入 金				
	長 期 借 入 金				

① 経常収支の部

a 前月より繰越し

まずは、前月より繰越しの内容からです。

それがどのような資金表であれ、資金表を作成する前には、まず資金の範囲、つまり何をもって「前月より繰越し」とするのか決めなければなりません。

ここで取り扱う資金繰り表は管理会計に属し、会社が自分にとって管理しやすいように作成することができるため、本来は資金の範囲も自分で決めてよいものです。

しかし、すぐに使える資金を含める必要があるため、一般的には現金と要求払預金、すなわち当座預金、普通預金および通知預金を資金の範囲に含めることが多いようです。

一方、キャッシュフロー計算書では、3カ月以内に期日が到来する定期預金を資金の範囲に通常含めることから、それにあわせることも可能です。

また、証券会社が取り扱うMMF(マネー・マネジメント・ファンド)や中期国債ファンドといった金融商品も、随時売却が可能であるため、これらをもつ場合には資金の範囲に含めるのが実務的です。

イメージ的には資金は容易に換金化できて、かつ価格が変動するリスクがほとんどないものを考えてもらえればよいと思います。

企業の経営者と話し合って、まずこの資金の範囲を確定して

ください。

　なお、いったん決めた資金の範囲は、特別の理由がない限り継続して用いてください。

　資金の範囲が変わると、資金繰り表の内容が変わるため、誤解を招きやすくなるためです。

　金額的にこの「前月より繰越し」の金額の妥当性を判断する例としては、資金残高がその企業の月商の何倍かをみる考え方があります。

　中小企業庁が毎年公表している「中小企業実態基本調査」では、中小企業の業種や規模ごとに、企業が月商の何倍の資金を保有しているかについての統計が示されています。

　ただしこの資金の額については、単純に月商倍率だけをみて多いか少ないかを判断することはできません。

　たとえば日々の資金繰りはまったく問題がなくても、月末には一時的に資金がゼロに近くなる場合も多く、単純に平均水準だけで判断することは禁物です。

　野球である損益と異なり、資金はボクシングですので、一時的であってもショートすることは許されないのです。

3部制資金繰り表（経常収支の部）

			月実績	月予定	月予定
前月より繰越し（A）					
経常収支	収入	現金売上げ			
		売掛金回収（現金）			
		（売掛金手形回収）	( )	( )	( )
		割引手形			
		（割引手形落込み）	( )	( )	( )
		手形期日入金			
		前受金			
		その他			
		収入計（B）			
	支出	現金仕入れ			
		買掛金支払（現金）			
		（買掛金手形支払）	( )	( )	( )
		支払手形決済			
		人件費			
		諸経費			
		支払利息・手形売却損			
		前渡金			
		その他			
		支出計（C）			
差引過不足（D）＝（B）－（C）					

b　経常収入

(a)　売上げと資金の回収の仕組み

売上高とその資金回収の順番をみてみましょう。

まず売上げには現金売上げと掛売上げ、さらに手形売上げがありますが、資金繰り表では手形売上げは掛売上げと同時に売掛金を受取手形で回収したと考えることで、その仕組みを簡略化しています。

また、ここでの現金売上げの「現金」は、一般的な意味での現金だけではなく、先ほどみた「資金」を意味します。

売上高と資金の回収

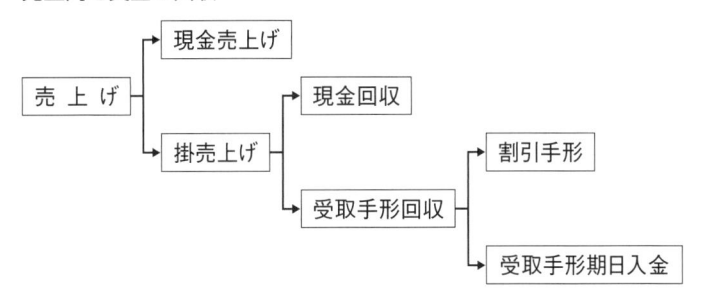

```
                    ┌→ 現金売上げ
         ┌→ 現金回収
売上げ ──┤
         └→ 掛売上げ ──┐
                        └→ 受取手形回収 ──┬→ 割引手形
                                          └→ 受取手形期日入金
```

　つまり普通預金に入金となる売上げも、この現金売上げに含まれます。

　その下の2つは売掛金の回収ですが、まず現金回収、その次に受取手形による回収の順に並んでいます。

　後者の売掛金の受取手形による回収は、(売掛金手形回収)として（　）でくくられていますが、これは資金として回収されていないためです。

　この受取手形は割引によって、あるいは満期となり期日落ちしたときに資金として回収されます。

　資金繰り表では前者が割引手形、後者が手形期日入金として表示されますので、表のなかで確認してください。

　なお割引手形の場合には、実際は割引料を差し引かれた金額が入金となるのですが、割引手形の金額は割引料差引き前の金額で表示し、割引料は手形売却損として経常支出の諸経費に含めて表示します。

　また（割引手形落込み）が（　）でくくられていますが、こ

れは割引時に資金としての回収がすでに行われており、満期日に期日落ちになっても資金は増加しないためです。

まずはこの売上げとその資金回収の仕組みを資金繰り表で確認し、資金の流れの全体像を理解してください。

(b) 売掛金の現金回収と受取手形回収

売掛金には現金回収と、受取手形による回収がありました。

ここでのポイントは、締め日と決済日との関係です。

たとえば、月末締め翌月末回収の場合には前月の売掛金が当月回収となるため、当月発生分の売掛金が当月末に残っており、月末締め翌々月末回収の場合には前々月の売掛金が当月回収となるため、当月末には前月と当月の2カ月分の売掛金が残っていることになります。

月次の売上高と売掛金の残高は、資金繰り表の「翌月へ繰越し」の下にある補足情報の欄に記載されていますので、この金額との整合性が問題となります。

実際には得意先によって締め日と決済日の関係は違っている場合も多々ありますので、注意しなければなりませんが、売掛金の回収が大幅に遅れている場合にはその理由を調査しなければなりません。

まず、いわゆる押込販売のケースがあります。

売上計上を優先させ回収条件を緩和した結果、売掛金の回収が後回しとなっている場合です。

このほかにも得意先の資金繰りが苦しくて支払えない場合もありますし、逆に得意先の立場が強くて検収に数カ月を要する

などとして、得意先からの支払が遅延しているケースもあります。

これらの解釈については、実態をよく見極めなければなりません。

これ以外には、売掛金の現金回収割合と受取手形回収割合の変化にも注意が必要です。

売掛金の現金回収よりも手形回収のほうがさらに資金回収が遅れるわけですから、受取手形回収割合の増加は資金にとってマイナス要素となります。

この場合にも、売掛金の回収遅延としてその原因の調査が必要になります。

(c) 受取手形の割引と手形期日入金

受取手形は期日前に割り引いて入金となるか、期日まで待って入金となるかに分かれます。

受取手形を満期まで保有できる会社は資金的には問題ないように思われますが、手形の信用が弱いため割引できないケースもあります。

また、受取手形の割引の際には利息に相当する割引料が差し引かれますので、その負担も考えなければなりません。

なお、受取手形の割引は資金表の種類によってその取扱いが異なります。

本書で取り扱っている資金繰り表とキャッシュフロー計算書では法律上の取扱いを重視し、受取手形の割引を受取手形の売却による資金回収と考えますが、別の資金表である資金運用表

と資金移動表では経済的実態を重視し、受取手形の割引を受取手形を担保とした短期借入れと考えます。

このように資金表の種類によって、割引手形の取扱いが異なりますのでご注意ください。

(d) 前受金

前受金の仕組みが資金的に優れている点はすでにみました。

前受金は、収益が計上される前に資金が増加する入金となるため、これが多いと資金繰りはかなり楽になります。

ただし現実には、たとえば社長個人の預金の入金を前受金として仮装するようなケースもあり、単純に喜んでばかりもいられません。

前受金が本当に前受金であるかについては、注文書や契約書等の存在を実際に確認しておく必要があり、これらがない場合には実態を仮装している可能性が出てきます。

(e) その他の収入

最後の「その他の収入」は、資金繰りを調整するために用いられるケースがよくあります。

「その他の収入」は、損益計算書における営業外収益の「雑収益」と似た性格をもっており、雑収益が経常利益の調整に使われやすいのと同じように、資金繰り表の「その他の収入」は経常収支の調整に使われやすいといえます。

内容的には、「その他の収入」には、営業外収益に計上されるような受取利息や受取保険金等のほかにも、仮払金や立替金の戻りや短期貸付金の回収、さらには貯蔵品の売却収入といっ

たさまざまな内容のものを含んでいます。

　資金繰り表をチェックする際には、「その他の収入」の内容を確かめ、「その他の収入」によって経常収支が調整されていないかに十分な注意をする必要があります。

　C　経常支出
(a)　仕入れと資金の支払の仕組み

　仕入れと資金の支払は、売上げと資金の回収の逆を考えればわかりやすいでしょう。

仕入高と資金の支払

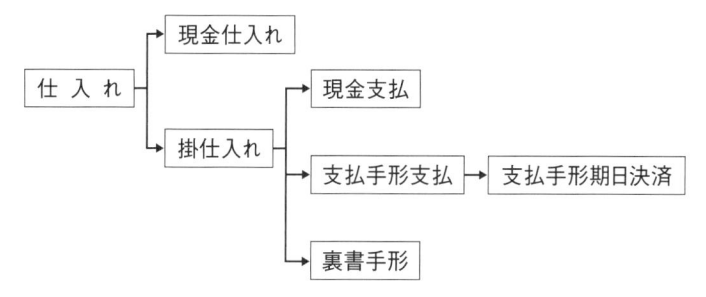

```
                  ┌→ 現金仕入れ
  仕 入 れ ┤
                  │              ┌→ 現金支払
                  └→ 掛仕入れ ┼→ 支払手形支払 → 支払手形期日決済
                                    └→ 裏書手形
```

　受取手形と支払手形の違いとして、支払手形には受取手形のような割引はないため、売上げと資金の回収よりもさらに簡素化されています。

　まず仕入れは現金仕入れと掛仕入れに分かれます。

　手形仕入れは手形売上げのケースと同じく、掛仕入れを行った後、買掛金を支払手形で決済したと考えるとわかりやすいでしょう。

　買掛金の支払は現金支払と支払手形による支払に分かれ、支

払手形による支払は支払手形が期日に決済されて資金の支払が終わります。

　なおここでも、買掛金の支払手形による支払は資金に影響しないことから、(買掛金手形支払)として(　)でくくられています。

　また、買掛金支払の際に受取手形を充てることがあり、これを裏書手形といいます。

　すでにみた回転期間分析の際には、裏書手形は受取手形と支払手形に含めて計算します。

　つまり裏書によりなくなった受取手形を、受取手形と支払手形に加算して計算するのです。

　ここで資金の支払となるのは、現金仕入れと買掛金の現金支払、および支払手形の期日決済の3つです。

　資金の支払状況をみるには、資金の回収状況をみるのと同様に締め日と支払日の関係を確認するとともに、上記の3つの割合の変化にも注意しなければなりません。

　たとえば現金仕入れの割合の減少は、自社の資金繰りの苦しさの表れのケースのほか、仕入先との力関係上、優位となったケースなどここでもさまざまなケースがあり、その分析にも力を入れることが重要です。

(b)　人　件　費

　人件費は一般的には後払いとなりますので、ここで支払われる額以外にもすでに発生ずみの額があることになります。

　たとえば給料以外にも賞与や退職金がありますが、これらに

ついては通常の資金管理とは別に管理することが必要となります。

毎年度、特定月だけ人件費が突出するのは、賞与であるケースがほとんどです。

中小企業では賞与の支給水準はきわめて低いのですが、これに備えた資金手当は事前にしておくべきです。

さらにイレギュラーに発生するのは退職金です。定年退職者への支給は予想できますが、臨時退職するケースは予想することができません。

実際には日常的な資金繰りだけでなく、こういった臨時的な支出に備えた対応も考えることが必要となります。

(c) 諸 経 費

諸経費の支払も、発生主義に基づいて費用が計上される損益計算書とは異なり、資金繰り表上は実際の支払による額が表示されますので、その計上時期が違います。

諸経費は、発生と同時に支払われるか、あるいは後払いになるものがほとんどです。

たとえば消耗品費等は発生時に現金払いをするか、または後払いとなります。

したがって、資金繰り上は資金負担が遅れてやってきますので、すでに発生ずみの費用を網羅的に把握しておくことが重要です。

(d) 支払利息・手形売却損

たとえば手形借入時に差し引かれる支払利息や、受取手形を

割り引く際に発生する手形売却損は前払いとなります。

一方、長期の証書借入れの際に支払う利息は後払いになります。

これらは資金繰り表上、支払時に計上されますので、計上のタイミングに気をつけなければなりません。

(e) 前渡金（前払金）

前渡金の支払は、前受金の受取りの逆の立場に立っている状態です。

前渡金はたとえば、商品の仕入れ時の手付金の支払と考えてください。

これが発生すると、商品仕入れ前の支払となりますから、当然ながら資金繰りは苦しくなります。

なお商品の仕入れ時だけなく、ソフトウェアや各種の権利の売買では、この前渡金の多額の支払が必要になることがありますが、これによる収益の獲得は資産の取得後になりますので、極力支払を抑制する方向で努力する必要があります。

(f) その他の支出

「その他の支出」は、実務上最も注意しなければならないものです。

この支出は、損益計算書における販売費および一般管理費中の「雑費」や、営業外費用の「雑支出」に対応していますが、これらの費用以外にも仮払金の支出や立替金の支出が含まれています。

したがって、これらが多額であるというだけで問題がありま

す。

「その他の〜」と「雑〜」の科目は、本来は小さいものをまとめて表示したという意味ですが、現実には内容を隠したいという意図があるケースも多いため、その内容の確認が必要です。

「その他の〜」や「雑〜」の科目は、管理レベルが低いほど多額に計上される性質がありますので、十分な注意が必要となります。

　d　差引過不足（経常収支尻）

差引過不足（D）は、経常収支における収入計（B）と支出計（C）との差額として計算され、経常収支尻と呼ばれています。

まず、これがプラスかマイナスかを確認しておかなければなりませんが、その際には「その他の収入」や「その他の支出」等で調整されていないか、またそれ以外にも内容が不明瞭なものがないか確認する必要があります。

経常収支尻は、プラスであるほうがマイナスよりも好ましいのはもちろんですが、単にプラス・マイナスでその良否を判定することはできません。

たとえば従業員賞与の支給により、月次レベルでの経常収支尻が一時的にマイナスとなっていることもありますが、その不足資金が財務収支の短期借入金でまかなわれていれば特に問題はありません。

問題があるのは、明確な理由がないにもかかわらず経常収支

尻が継続的にマイナスとなっているケースです。

　経常収支尻のマイナスが慢性的な場合、経営そのものに問題があることになります。

　また、損益計算書の経常利益が計上されている一方で、資金繰り表の経常収支尻がマイナスとなっている場合には、損益計算上の利益を優先させた結果として、資金不足に陥っている状態です。

　たとえば売上げを優先した押込販売により、売掛金の回収条件を大幅に緩和した場合には、経常利益は計上されても経常収支尻はマイナスとなります。

　損益と資金は車の両輪であり、一方のために一方を犠牲にすると、経営に赤信号がともります。

　月次決算を行っている場合には、月次損益計算書と月次資金繰り実績表の比較を行うことで、損益と資金のバランスを知ることができますので、実行してみてください。

②　設備関係等収支の部

　次に、設備関係等収支についてみていきましょう。

　ａ　設備関係等の収入
(a)　有形固定資産売却収入・有価証券売却収入

　固定資産売却収入・有価証券売却収入からみていきましょう。

　まず、ここで計上されるのは売却額に相当する収入であり、売却額と帳簿価額の差額である損益計算書での売却益ではない

3部制資金繰り表(設備関係等収支の部)

		月実績	月予定	月予定
前月より繰越し(A)				
設備関係等の収支	収入	有形固定資産売却収入			
		有価証券売却収入			
		その他の収入			
		収入計(E)			
	支出	設備資金支払			
		有価証券購入			
		決算資金支出			
		その他の支出			
		支出計(F)			
差引過不足(G)=(E)−(F)				

点に留意が必要です。

したがって仮に売却損益を知りたいのであれば、別に試算表か損益計算書をみる必要があります。

ここでのチェックポイントは金額の妥当性、売却先と売却理由です。

金額の妥当性は、資金繰りの状況を端的に表します。

時価よりも低い金額での売却、すなわち見切り販売は、資金繰りの苦しさの表れといえます。

また売却先が関係会社や役員個人等の場合には、実態としては売却していないことになります。

売却が有価証券である場合には、売却後に買戻しを行っているケースもあり、これも実態としては変化しておらず、単に益出し(あるいは損出し)を行うことによる利益調整です。

さらにこれらを売却する理由の確認も必要です。

資金繰りが苦しいことの表れかもしれませんし、投資の回収

時期に入ったのかもしれません。

さらに単に資金の運用方法を変えるため、一時的に売却しただけなのかもしれません。

それぞれのケースで、経営者の話が本当にそうなのか、冷静に判断しなければなりません。

この区分においては、売却するかどうかは経営者の意思決定によるものであるため、経常収支の部とは異なり、そもそも政策的に金額がつくれるものであるという性格をもっています。

「キャッシュ（資金）は事実」なのですが、そうなるように調整することは可能なわけです。

(b) その他の収入

「その他の～」には、常に注意が必要です。

その他の収入は、設備関係等の「等」の売却収入ですが、たとえば建物を賃借する場合の敷金・保証金の戻り収入や長期貸付金の回収収入のほか、ゴルフ会員権の売却収入や、さらには貸借対照表に表示されていない無形の権利を売却した場合の収入などが含まれています。

いずれにしてもその内容の確認が必要となります。

　b　設備関係等の支出

(a) 設備資金支払・有価証券購入

設備資金支出は、「いわゆるキャッシュフロー」との関係がポイントになります。

決算書での「いわゆるキャッシュフロー」は、当期純利益に支出を伴わない費用である減価償却費を足し戻し、さらに社外

流出となる配当金を差し引いたものですが、資金繰り表上は経常収支尻から決算資金の法人税等と配当金を差し引いたものです。

　資金繰り表でも「いわゆるキャッシュフロー」を算定してみてください。

　新規の設備投資を行う場合、それが「いわゆるキャッシュフロー」の枠内であれば、新たな借入れは不要となります。

　つまり設備投資資金は、すべて自己資金で調達できている状態になります。

　しかし一般的には、新規設備投資を行う際に長期借入金による資金調達を行い、その後に長期借入金を「いわゆるキャッシュフロー」で順次償還していくことになります。

　したがって、この「いわゆるキャッシュフロー」と、財務収支の部における長期借入金返済額との比較を行い、「いわゆるキャッシュフロー」が長期借入金返済額を上回るように計画するべきです。

　また有価証券への投資については、金融機関との関係重視の観点から金融機関の株式を所有する場合や、仕事上の関係で得意先・仕入先の株式を保有する場合等を除いて、極力消極的に考えるべきです。

　余裕資金の運用はハイリスク商品で行うべきものではなく、資金運用でのリスクは事業上のリスク以上に気をつけなければなりません。

(b)　決算資金支出

決算資金支出は、その内容として法人税、住民税および事業税等のほか、消費税および配当金があります。
　法人税、住民税および事業税等の内容を確認するには法人税納税申告書別表四等の税務申告書を入手し、その内容を検討することになります。
　法人税納税申告書別表四では、損益計算書の当期純利益から加算・減算の調整を行って課税所得を導いていく表であり、法人税での損益計算書といわれています。
　その内容を精査することで、減価償却不足や決算での操作がわかることが多く、ぜひとも習熟していただきたい表の１つです。
　また、配当金はオーナー経営者にとっては自由に決められますので、経営姿勢がいちばんわかりやすく出るところです。
　経営者は自分個人より先に、会社自身の内部留保に努めるのが先決です。
　自分への褒美として配当金がほしい気持ちはよくわかりますが、社内に十分な内部留保を確保した後で配当金を支払う姿勢が望まれます。
(c)　その他の支出
　設備関係等収支の部の「その他の支出」も、経常収支の部と同様にその内容の確認が必要です。
　内容的には、たとえば建物を賃借する場合の敷金・保証金の差入支出や、長期貸付金の貸付による支出等が主な内容ですが、社長個人や社長の友人または関係会社に対する多額の貸付

金が発生しているなど、内容の不明瞭なものには注意しなければなりません。

こういった社長個人や社長の友人、または関係会社への貸付金などは回収不能となる可能性が高い貸付金の見本です。

この種の貸付金は金融機関が行う融資とは違って保証や担保もとっておらず、ほとんどが信用貸しとなっており、回収不能となった場合の備えもないのが普通です。

こういった貸付金がある場合には、金融機関からの融資がこれらに流用されていないかを調査し、さらに貸付金の回収予定の確認と、実際の回収実績についてのチェックを行う必要があるでしょう。

　c　差引過不足

この部の差引過不足は経常収支の部と同様に、そのプラス・マイナスだけで良否の判断を行うことができません。

新規の設備投資を行い、設備の売却等の回収を行っていない場合には、この区分では設備投資支出のみが計上されますので、差引過不足はその金額だけマイナスになります。

逆に設備の売却だけを行い、新規設備投資を行わなかった場合は、差引過不足はプラスとなります。

このため、この区分でのプラス・マイナスは経営の良否を示さず、単に経営者の姿勢・政策を示すにとどまります。

なおプラスの場合にはその回収資金がどこに向かったのかの確認を行い、逆に投資のほうが多くマイナスとなっている場合には、その資金がどこから調達されたかを確認することが必要

となります。

③ 財務収支の部

最後に、財務収支についてみていきましょう。

3部制資金繰り表（財務収支の部）

			月実績	月予定	月予定
前月より繰越し（A）					
財務収支	収入	増　　　　資			
		社　債　発　行			
		短　期　借　入　金			
		長　期　借　入　金			
		その他の収入			
		収　入　計（H）			
	支出	社　債　償　還			
		短期借入金返済			
		長期借入金返済			
		その他の支出			
		支　出　計（I）			
差引過不足（J）＝（H）−（I）					

　a　財務収入

(a) 増　　資

　増資があった場合の確認事項は、増資の理由、出資者と資金使途です。

　増資の理由はさまざまで、赤字補てんのために社長個人や他の役員が出資する場合や、新規設備投資のため関係者から出資を募る場合等もあり、その背景や理由の確認がいります。

　増資において株主の構成が変化する場合には、さらに注意が必要です。

たとえば新たな第三者が株主となる場合には、その株主が経営に影響を及ぼす可能性もあります。

資金使途は増資理由に関連しますが、赤字を補てんするための資金なのか、新規の設備投資のための資金なのかなど、使途の確認が重要となります。

さらに会社側の説明を鵜呑みにせず、使途についてはその後に実態を追跡することが必要となります。

(b) 社債発行、短期借入金、長期借入金

社債発行、短期借入金、長期借入金による収入は、その金額とタイミングについての妥当性の判断を要します。

それだけでなく、その資金使途と返済原資、および担保・保証関係を確認しなければなりません。

資金使途については、現実には他の目的へ流用がなされるケースもあり、その場合には厳重に注意するべきです。

資金使途の確認について、たとえば設備投資資金であれば見積書や請求書の確認だけでなく、実際に現場を視察して設備を確認するべきです。

また、売上債権増加に伴う運転資金の場合は、注文書や契約書により売上債権の存在を確認してください。

さらには短期借入金の資金使途が、固定資産の設備投資に充てられていないかなど、調達と運用における期間のバランスにも注意しなければなりません。

短期借入金を固定資産の調達に充てた場合には、回収に長期を要する資金を短期資金で調達しているため、資金バランスが

崩れています。

　こういった場合には、必然的に短期借入金の借換えが必要となってきますので、会社の資金繰りを圧迫します。

　また借入金の返済原資については、「いわゆるキャッシュフロー」による利益償還が可能なのかについて検討が必要です。

　担保・保証についても、不動産の掛け目が妥当であるか、保証人の財力はあるか等を十分に審査してください。

　b　財務支出
(a)　社債償還、短期借入金返済、長期借入金返済

　長短借入金返済の支出は、借換えによる借入れの継続の有無をチェックしてください。

　実質的に継続していない場合は本当の返済ですが、実際には期日借換えを繰り返しているケースは多いものです。

　また、借入金の返済にあたり、利益償還がきちんとなされているかのチェックも必要です。

　利益償還の利益とは、「いわゆるキャッシュフロー」ですので、試算表や決算書で確認ができます。

　「いわゆるキャッシュフロー」がないにもかかわらず、借入金の返済が進んでいる場合は、いわゆる資金繰り返済となっており、金融機関からの要請により無理に返済している状態です。

　資金繰り返済の場合には、土地や投資有価証券の売却、さらには仕入先への仕入債務の返済遅延などの兆候がみられますので、それらを見逃さないように注意してください。

c　その他の収入支出・差引過不足

　財務活動収支での「その他の収入支出」は、たとえば普通預金を資金の範囲に含まれていない（3カ月を超える）定期預金へ預け入れる場合に支出として計上され、逆に（3カ月を超える）定期預金の満期により普通預金へ移した場合に収入として計上されます。

　資金繰り表では資金の増加が収入、減少は支出になりますので、資金の範囲に含まれている普通預金がふえた場合は資金が増加して収入となり、普通預金が減少した場合には資金の減少として支出が計上されるからです。

　逆に普通預金を引き出して手元現金としても、これらはともに資金の範囲に含まれていますので、資金の総額は変わらないため資金繰り表には表れてきません。

　会社が作成するのは当然ながら会社全体の資金繰り予定表ですが、金融機関は他の金融機関に対する借入れを把握できていないケースもありますので、その点にも注意が必要です。

　また「財務収支の部」は、「経常収支の部」や「設備関係等の収支の部」における資金の増減の調整をしている場合がほとんどですので、財務収支のみで経営の良否の判定はできません。

　財務活動収支は借入れをすればプラスとなり、借入金を返済すればマイナスとなりますから、単純にプラスかマイナスかではなく、そこに至る理由や背景が重要です。

　これについても会社側の説明をそのまま受け入れずに、実態

として説明どおりであるかについての冷静な観察・検討が必要となります。

(2) 3部制資金繰り表のつくり方

それでは今度は、3分制資金繰り表のつくり方をみていきましょう。

実務で重要なのは予定資金繰り表ですので、それを前提にして話を進めます。

① 経常収支の部

a 前月より繰越し

まずは、「前月より繰越し」欄は、資金の残高を記入します。

ここでは支払可能な資金を考えるため、先にみたように現金と要求払預金、すなわち当座預金、普通預金および通知預金、それ以外にも3カ月以内に期日が到来する定期預金、ＭＭＦ（マネー・マネジメント・ファンド）や中期国債ファンドを含めておくのがよいでしょう。

さらに金額の正しさを確保するため、通帳や証書のほか、最低限決算時には金融機関から残高証明書を取り寄せるようにしてください。

b 経常収入
(a) 現金売上げ

次は「現金売上げ」の金額ですが、前年同月の金額をベースにして、直近の売上げから推定します。

3部制資金繰り表

			月実績	月予定	月予定
前 月 よ り 繰 越 し (A)					
経常収支	収入	現 金 売 上 げ			
		売 掛 金 回 収 (現金)			
		(売掛金手形回収)	( )	( )	( )
		割 引 手 形			
		(割引手形落込み)	( )	( )	( )
		手 形 期 日 入 金			
		前 受 金			
		そ の 他			
		収 入 計 (B)			
	支出	現 金 仕 入 れ			
		買 掛 金 支 払 (現金)			
		(買掛金手形支払)	( )	( )	( )
		支 払 手 形 決 済			
		人 件 費			
		諸 経 費			
		支払利息・手形売却損			
		前 渡 金			
		そ の 他			
		支 出 計 (C)			
差引過不足 (D) = (B) − (C)					
設備関係等の収支	収入	有形固定資産売却収入			
		有 価 証 券 売 却 収 入			
		そ の 他 の 収 入			
		収 入 計 (E)			
	支出	設 備 資 金 支 払			
		有 価 証 券 購 入			
		決 算 資 金 支 出			
		そ の 他 の 支 出			
		支 出 計 (F)			
差引過不足 (G) = (E) − (F)					
財務収支	収入	増 資			
		社 債 発 行			
		短 期 借 入 金			
		長 期 借 入 金			
		そ の 他 の 収 入			
		収 入 計 (H)			
	支出	社 債 償 還			
		短 期 借 入 金 返 済			
		長 期 借 入 金 返 済			
		そ の 他 の 支 出			
		支 出 計 (I)			
差引過不足 (J) = (H) − (I)					
翌月へ繰越し (A) + (D) + (G) + (J)					
売 上 高					
仕 入 高					
月末残高		受 取 手 形			
		(内 割 引 手 形)	( )	( )	( )
		売 掛 金			
		棚 卸 資 産			
		支 払 手 形			
		買 掛 金			
		短 期 借 入 金			
		長 期 借 入 金			

ここで予定資金繰り表作成のコツは、なるべく保守的に見積もることにあります。
　すなわち、「収入は控えめに、支出はもれなく」が基本です。
　会社の資金繰りは個人と同様に、あるいはそれ以上に収入が不確実であり、一方で支出は確実です。
　そのことを念頭に置かないと、予定資金繰り表は「こうなればいいな」と希望する金額となり、実際には役に立ちません。
　できればここでの売上げは受注ずみの売上げがよいのですが、小売業などはそうもいきませんので推定値になります。ただし、控えめな見積りをしてください。

(b) 売掛金の現金回収

　次は「売掛金回収（現金）」ですが、月別の売上げから月別の回収金額を埋めていきます。
　この際に、いつの売上げをいつ回収するかのルールを確認します。
　たとえば、月末締め翌月末回収の場合には、当月の売上金額が翌月末に回収されることになります。
　したがって、売上月と回収月が1カ月ごとにずれることになります。
　また、月末締め翌々月末回収の場合には、当月の売上金額が翌々月末に回収されますので、売上月と回収月が2カ月ずれることになります。

収入欄の埋め方（月別売上高と回収条件から）

〈月末締め翌月末回収のケース〉

	4月	5月	6月	7月
売　上　高	400千円	600千円	500千円	800千円
売掛金回収	300千円	400千円	600千円	500千円

➡前月の売上高が当月に回収される

〈月末締め翌々月末回収のケース〉

	4月	5月	6月	7月
売　上　高	400千円	600千円	500千円	800千円
売掛金回収	500千円	500千円	400千円	600千円

➡前々月の売上高が当月に回収される

　さらに回収条件が10日締め翌月末回収といった事例ではどうなるでしょうか。

　この場合には前月の11日から30日までの売上げと当月の1日から10日までの売上げが翌月末に回収されます。

〈10日締め翌月末回収のケース〉

	4月	5月	6月	7月
売　上　高	400千円	600千円	500千円	800千円
売掛金回収	233千円	366千円	466千円	566千円

➡ 6月の回収は4月売上げ400千円×20／30＝266千円
　　　　　　　5月売上げ600千円×10／30＝<u>200</u>千円
　　　　　　　　　　　　　　　　　　　　<u>466</u>千円

前月売上高×20／30と当月売上高×10／30が翌月に回収される

したがって、前月の売上げの２／３と当月の売上げの１／３が翌月末に回収されることになります。

　実際には相手先により締め日と回収日が異なりますので、主要な得意先についてのルールを確認し、そのルールに沿って売掛金回収の欄を埋めていきます。

　それらの合算はエクセルを使えば簡単にできますので、試してみてください。

　また、受取手形での回収がある場合には、売掛金の回収は現金回収と次の（売掛金手形回収）とに分かれることになりますので、この場合にも事前に得意先ごとに現金回収割合と手形回収割合を調査し、その割合で按分します。

　さらに予定資金繰り表の金額を資金繰り実績表と比較する作業も、欠かすことができません。

　予定よりも資金回収が早まることはめったにありませんが、資金回収が遅延することはよくあります。

　その場合は得意先の資金状態が悪いことが多いのですが、どの程度遅延するかについては得意先と十分相談し、その間の資金繰りを考えなければなりません。

　C　経常支出
(a)　現金仕入れ

　これも前年同月をベースにして、直近の仕入状況を加味して埋めていきます。

　売上げと仕入れのバランスをとることがポイントです。

(b) 買掛金支払(現金)

次は「買掛金支払(現金)」ですが、これも売掛金回収(現金)と同様に、月別の仕入れから月別の支払金額を埋めていきます。

たとえば月末締め翌月末支払の場合には、当月分の仕入れを来月末に支払うことになります。

支出欄の埋め方(月別仕入高と支払条件から)

〈月末締め翌月末支払のケース〉

	4月	5月	6月
仕入高	400千円	500千円	600千円
買掛金回収	300千円	400千円	500千円

➡前月の仕入高が翌月に支払われる

売掛金回収(現金)の場合には、得意先の資金繰りによってその回収が遅れる可能性がありましたが、買掛金支払(現金)は基本的には待ったなしです。

ここでも保守的な考え方が重要となり、買掛金支払を急に遅らせることは信用面において大きな問題を引き起こします。

仮に支払遅延が不可避なのであれば、早急に仕入先に出向いて相談することをお勧めします。

こちらの買掛金は仕入先の売掛金であるため、仕入先にとっては売掛金の回収遅延となり、仕入先の資金繰りを圧迫するからです。

さらに買掛金の支払は現金支払と支払手形による支払に分か

れることがありますが、この場合にも一定のルールを定めておき、仮にそのルールが崩れる場合には仕入先との事前の協議が必要です。

これ以外にも、月別売上げと月別仕入れの整合性を図ることも重要です。

両者の整合性が崩れた場合には棚卸資産（在庫）にしわ寄せがいきますので、たとえば仕入れが順調であっても売上げがあがらなければ棚卸資産（在庫）が急増してしまいます。

多額の棚卸資産（在庫）をもつことの弊害はすでにみていますが、そうならないように在庫管理はまず仕入れと売上げの管理から始めてください。

(c) 人件費その他

人件費その他の経費についても、本来は発生月と支払月との間に1カ月程度のずれがあるのですが、毎月ほぼ平準化している場合には、そのずれを意識する必要はありません。

前年同月をベースにして、過去からの推移を加味して埋めていけば、比較的埋めやすい欄であると思います。

なおここの経費支出のほとんどは固定費ですので、売上げとは無関係に発生します。

したがって明らかに変動費である部分を除いて、残りを固定費として取り扱ってさしつかえありません。

考え方としては売上げをあげるために必要となるのが固定費であり、売上げを履行するために必要となるのが変動費です。

たとえば商品の発送運賃は売上げを履行するための費用であ

り変動費ですが、広告宣伝費等の仕事の受注に要する費用は固定費であると考えてよいでしょう。

ただし固定費であるから管理は不要という意味ではなく、たとえば広告宣伝の場合には費用対効果、つまり広告宣伝がどれほど売上げに貢献しているかの効果測定が常に必要となります。

広告宣伝は媒体やタイミング、方法等によりまったく効果がない場合もあり、やめたほうがマシということも少なくありません。

固定費だからといって削減努力を怠らず、常に節減方法を考えるべきです。

② 設備関係等収支の部

この部の金額は政策的に決めるべきものであり、むしろ事業計画の領域です。

しかし、金額的にも大きくなるケースが多いこともあり、さらに現実には思いつきに近いような設備投資や有価証券の購入・売却もありますので、十分な検討を要します。

経営者はしばしばバラ色の将来を予想しますが、現実にはほとんど裏切られます。

特に設備投資は、減価償却を通じた長期の回収となりますので、その実行には慎重のうえにも慎重を期する姿勢が必要です。

またこの部では決算資金も記載しますが、すでにみたように

法人税、住民税および事業税等、消費税等の税金と配当金がその内容です。

税金のうち法人税、住民税および事業税等は比較的容易にその金額が予想できます。

当期純利益について税務上の調整を行って課税所得を計算し、それに税率を掛けるのですが、期末近くになれば当期純利益とそこから導かれる課税所得の推定が可能です。

逆に消費税等はその予想がむずかしく、予想と大きく違ってくることもあります。

消費税等は特殊な税金で、利益の有無は関係なく課税されるからです。

しかし、これについても前年度と比較することで、できる限り正確な予想を試みてください。

③ 財務収支の部

財務収支の部は、設備関係等収支の部以上に政策的なものです。

短期の手形借入れの借換えがある場合は、収入・支出はともに両建てをしてください。

損益計算と違って収入・支出を両建てして困る理由はなく、これを記入することで借換えがあることがわかるからです。

一方、長期の証書借入れの場合には、借換えがなければ支出のみが計上されます。

長期借入れはその返済による支払が毎月の分割払いとなるた

め、短期借入れと比較して資金繰り的には優れた制度といえるでしょう。

　実際に、一時に返済することは無理な場合が多いためです。

　なお仮に社債の償還があるような場合は、それに備えた資金計画が必要となりますので、かなり前からの対策が必要です。

4 キャッシュフロー計算書の見方

(1) キャッシュフロー計算書のフォームと資金概念

　キャッシュフロー計算書は、大企業では金融商品取引法会計でその作成が法令によって義務づけられており、上場会社のキャッシュフロー計算書はインターネット（EDINET）で閲覧可能となっています。

　また、最近では資金表のなかで資金繰り表に次いでよく用いられており、大企業から中小企業まで幅広く利用されています。

　キャッシュフロー計算書が資金繰り表と違う点は、予定表ではなく実績表がメインとなっている点です。

　経営者が事後的に資金の流れを振り返る際に役に立つ表となっていると同時に、金融機関にとっても融資金の使途の確認ができる表となっています。

　3部制の資金繰り表では、全体を「経常収支の部」「設備関係等収支の部」、および「財務収支の部」の3つの部に分けて表示しました。

　キャッシュフロー計算書もこれと同様に、「営業活動によるキャッシュフロー」「投資活動によるキャッシュフロー」、および「財務活動によるキャッシュフロー」の3区分に分けて表示します。

資金繰り表の「経常収支の部」がキャッシュフロー計算書の「営業活動によるキャッシュフロー」に、「設備関係等収支の部」が「投資活動によるキャッシュフロー」に、「財務収支の部」が「財務活動によるキャッシュフロー」にそれぞれ対応しています。

　ここで「営業活動によるキャッシュフロー」は、企業がその営業活動によりどれだけの資金を生み出しているかを表しています。

　また「投資活動によるキャッシュフロー」は、将来の収益や、資金の獲得のためにどのような投資を行い、回収したかを表したものです。

　最後の「財務活動によるキャッシュフロー」は、営業活動や投資活動を維持するためにどのように資金を調達し、返済したかを表したものです。

　なお、キャッシュフロー計算書での資金概念は基本的には資金繰り表と同じですが、「現金と現金同等物」となっています。

　ここでいう「現金」は、通常の意味での現金だけでなく、要求払預金（当座預金、普通預金、および通知預金）を含んでいます。

　また、「現金同等物」は容易に換金可能であり、かつ価格の変動について僅少なリスクしか負わない短期投資をいいます。

　この現金同等物の例としては3カ月以内に期限が到来する定期預金や、譲渡性預金、公社債投資信託などがありますが、経営者がその範囲を決め、その内容は会計方針として注記することになっています。

資金繰り表でもすでにみていますが、資金の範囲内の動きは資金の増減変化をもたらしませんので、キャッシュフロー計算書には出てきません。

　これ以外にもキャッシュフロー計算書では、建物等の固定資産をもらった場合等も資金の増減がありませんのでこれも明らかにされません。

　なお資金が増減しない重要な取引があれば、注記により開示することとされています。

① **営業活動によるキャッシュフロー**

a　営業活動とは何か

　これまで会計での「営業」は、本業を意味するとして話を進めてきました。

　たとえば営業利益は本業での利益を意味し、営業外損益は本業以外の損益を意味していました。

　しかしながら営業活動によるキャッシュフローでいう「営業」とは、損益計算書における営業利益だけでなく、営業外損益や特別損益、さらには法人税等までをその範囲としており、本業を意味する営業利益の「営業」とはその範囲が異なる点に留意しなければなりません。

　つまり、営業活動によるキャッシュフローは、原則として発生主義に基づく損益計算書の当期純利益を、現金の収支で考えた場合（現金主義といいます）の金額です。

　たとえば、減価償却費は発生主義の考え方で費用として計上

されますが、キャッシュフロー計算書では支出を伴わない費用であることから、それがないものとして取り扱われます。

さらに損益計算書とは異なり、固定資産の売却や有価証券の売却は営業活動によるキャッシュフローの部ではなく、投資活動によるキャッシュフローの部で表示されますので、いわゆる益出しの部分は営業活動によるキャッシュフローには表れてきません。

また取引先への営業保証金の支出、取引先からの営業保証金の収入は、ともに損益計算とは無関係なものですが、キャッシュフロー計算書では営業活動によるキャッシュフローの部で表示しますので、その面での相違点もあります。

したがって営業活動によるキャッシュフローの金額は、投資の回収による益出し部分と営業保証金の取扱いを除いて、損益計算を現金主義により行った場合の当期純利益の金額となります。

b 直接法と間接法

営業活動によるキャッシュフローの区分における表示方法には、直接法と間接法の2つの表示方法があります。なお投資活動によるキャッシュフローと財務活動によるキャッシュフローの区分には、そのような差異はありません。

この直接法と間接法ではその計算過程は異なりますが、最終的な営業活動によるキャッシュフローの金額はどちらの方法によっても同じになります。

営業活動によるキャッシュフローの区分では、企業が外部か

キャッシュフロー計算書（直接法）

(単位：千万円)

	項　　目	全　　額
営業活動によるキャッシュフロー	営業収入	
	（－）原材料または商品の仕入支出	
	（－）人件費支出	
	（－）その他の営業支出	
	小　　　計	
	（＋）利息および配当金の受取額	
	（－）利息の支払額	
	（－）法人税等の支払額	
	営業活動によるキャッシュフロー合計	
投資活動によるキャッシュフロー	（－）有価証券の取得による支出	
	（＋）有価証券の売却による収入	
	（－）有形固定資産の取得による支出	
	（＋）有形固定資産の売却による収入	
	（－）無形固定資産の取得による支出	
	（＋）無形固定資産の売却による収入	
	（－）投資有価証券の取得による支出	
	（＋）投資有価証券の売却による収入	
	（－）貸付による支出	
	（＋）貸付金の回収による収入	
	投資活動によるキャッシュフロー合計	
財務活動によるキャッシュフロー	（＋）短期借入れによる収入	
	（－）短期借入金の返済による支出	
	（＋）長期借入れによる収入	
	（－）長期借入金の返済による支出	
	（＋）社債の発行による収入	
	（－）社債の償還による支出	
	（＋）株式の発行による収入	
	（－）配当金の支払額	
	財務活動によるキャッシュフロー合計	
	現金および現金同等物に係る換算差額	
	現金および現金同等物の増加額	
	現金および現金同等物期首残高	
	現金および現金同等物期末残高	

キャッシュフロー計算書（間接法）

(単位：千万円)

	項　目	金　額
営業活動によるキャッシュフロー	税引前当期純利益	
	（＋）減価償却費	
	（＋）貸倒引当金の増加額	
	（＋）その他の引当金の増加額	
	（－）受取利息および配当金	
	（＋）支払利息	
	（－）有価証券売却益	
	（＋）有形固定資産除却損	
	（－）売上債権の増加額	
	（－）棚卸資産の増加額	
	（＋）仕入債務の増加額	
	（－）その他の流動資産の増加額	
	（＋）その他の流動負債の増加額	
	（＋）その他の固定負債の増加額	
	小　　　計	
	（＋）利息および配当金の受取金	
	（－）利息の支払額	
	（－）法人税等の支払額	
	営業活動によるキャッシュフロー合計	
投資活動によるキャッシュフロー	（－）有価証券の取得による支出	
	（＋）有形証券の売却による収入	
	（－）有形固定資産の取得による支出	
	（＋）有形固定資産の売却による収入	
	（－）無形固定資産の取得による支出	
	（＋）無形固定資産の売却による収入	
	（－）投資有価証券の取得による支出	
	（＋）投資有価証券の売却による収入	
	（－）貸付による支出	
	（＋）貸付金の回収による収入	
	投資活動によるキャッシュフロー合計	
財務活動によるキャッシュフロー	（＋）短期借入れによる収入	
	（－）短期借入金の返済による支出	
	（＋）長期借入れによる収入	
	（－）長期借入金の返済による支出	
	（＋）社債の発行による収入	
	（－）社債の償還による支出	
	（＋）株式の発行による収入	
	（－）配当金の支払額	
	財務活動によるキャッシュフロー合計	
	現金および現金同等物に係る換算差額	
	現金および現金同等物の増加額	
	現金および現金同等物期首残高	
	現金および現金同等物期末残高	

らの資金調達に頼ることなくその営業能力を維持するために、どの程度の資金を営業活動から獲得したかが記載されます。

　この区分におけるキャッシュフローをさらに分類すると、次の３つに分類されます。

---

(1)　営業損益計算の対象となった取引に係るキャッシュフロー

　これは商品の販売とサービスの提供による収入や、商品の購入およびサービスの受入れによる支出です。

　具体的には損益計算書での売上高、売上原価、販売費および一般管理費および営業外損益に含まれる取引に関するキャッシュフローです。

(2)　営業活動に係る債権・債務から生じるキャッシュフロー

　これには売掛金や受取手形の現金預金回収と、買掛金や支払手形の現金預金支払が含まれますが、それだけでなく受取手形の割引収入が含まれます。この面では資金繰り表と同じです。

(3)　投資活動・財務活動以外の取引に係るキャッシュフロー

　たとえば損益計算書で特別損益に計上される災害損失に対する保険金収入や、損害賠償金、割増退職金の支払などがこれに該当します。

c　直接法による表示方法

営業活動によるキャッシュフローの直接法による表示は以下のようになります。

(単位：千万円)

	項　　目	全　　額
営業活動によるキャッシュフロー	営業収入	
	(－) 原材料または商品の仕入支出	
	(－) 人件費支出	
	(－) その他の営業支出	
	小　　　計	
	(＋) 利息および配当金の受取額	
	(－) 利息の支払額	
	(－) 法人税等の支払額	
	営業活動によるキャッシュフロー合計	

ここでの「営業収入」は現金主義で計上される、簡単にいえば売上債権の回収高ですので、損益計算書の売上高とは異なり、売上高から売上債権の増加額を差し引いた額です。

仮に現金売上げがない場合には、この「営業収入」は期首の売上債権に当期の売上高を加えて、そこから期末の売上債権を差し引いて求めます。

わかりづらければ、まず期首の売上債権がない状態を想定してください。

現金売上げがなければ当期の売上げ＝当期の売上債権の増加

営業収入と売上高の関係

売上債権

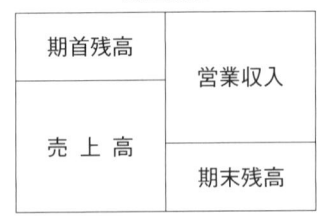

| 期首残高 | 営業収入 |
| 売　上　高 | 期末残高 |

期首売上債権＋売上高－期末売上債権＝営業収入
売上高－（期末売上債権－期首売上債権）＝営業収入
売上高－売上債権増加額＝営業収入

となりますので、そのうち現金預金で回収できた分が「営業収入」となり、未回収部分が売上債権として残っている状態です。

さらに期首の売上債権は当期中に回収できたとすると、「営業収入」は期首の売上債権に当期の売上高を加えて、そこから期末の売上債権を差し引いて求めることができるのです。

なおここでの売上債権は、割引手形を除いて計算します。

これは、キャッシュフロー計算書では資金繰り表と同様に、受取手形の割引を手形担保の借入れではなく、営業活動による資金回収の1つと考えているためです。

「原材料または商品の仕入支出」も同様に、現金主義で計上される仕入債務の支払高であり、当期の仕入高から仕入債務増加額を差し引いた額です。

仮に現金仕入れがない場合には、この支出は期首の仕入債務

に当期の仕入高を加えて、そこから期末の仕入債務を差し引いて求めます。

仕入支出と当期の仕入高の関係

仕入債務

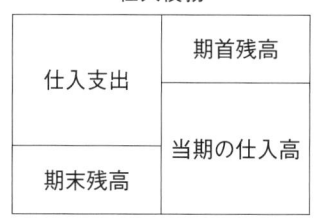

仕入支出	期首残高
	当期の仕入高
期末残高	

期首仕入債務＋当期の仕入高－期末仕入債務＝仕入支出
当期の仕入高－（期末仕入債務－期首仕入債務）＝仕入支出
当期の仕入高－仕入債務増加額＝仕入支出

ここでもわかりづらければ、まず期首の仕入債務がない状態を想定してください。

現金仕入れがなければ当期の仕入れ＝当期の仕入債務の増加となりますので、そのうち現金預金で支払われた分だけが「原材料または商品の仕入支出」となり、いまだ支払われていない部分が仕入債務として残っている状態です。

さらに期首の仕入債務は当期中に支払われたとすると、「原材料または商品の仕入支出」は期首の仕入債務に当期の仕入高を加えて、そこから期末の仕入債務を差し引いて求めることができるのです。

なお、当期の仕入高と売上原価との関係は、次ページの図を参照してください。

売上原価と当期の仕入高の関係

商　品

期首在庫	売上原価
当期の仕入高	期末在庫

期首在庫＋当期の仕入高－期末在庫＝売上原価
当期の仕入高＝売上原価＋(期末在庫－期首在庫)
　　　　　＝売上原価＋棚卸資産増加額

　次の「人件費支出」は、現金預金により実際に支払われた人件費です。

　また、「その他の営業支出」は人件費を除いた販売費および一般管理費（P／L）に、費用の前払いとして資産に計上されている前払費用（B／Sの資産）増加額をプラスし、逆に費用に計上されてはいるがいまだ支払われていない負債である未払費用（B／Sの負債）増加額をマイナスして求めます。

　前払費用（B／Sの資産）は損益計算書に費用計上されていませんが、すでに支出されているために加えるものであり、逆に未払費用（B／Sの負債）は損益計算書に費用計上されていますが、まだ支出されていないためにマイナスします。

　たとえば前払費用（B／Sの資産）の典型例としては、建物の家賃があります。

　家賃は翌月分を当月末までに支払う仕組みになっていますの

で、期末には翌月分の家賃を前払費用として資産に計上するわけです。

しかし、その金額が期首と期末で同じであれば、前払費用の増加高はありませんから、損益計算書に計上された家賃の当期発生額と支出された金額は同じになります。

あくまでも期首と期末を比較した増減額について調整しますので、ご注意ください。

以上で求めた金額から、さらに支出を伴わない費用である減価償却費（P／L）と各種引当金増加額（P／L）を差し引くことで「その他の営業支出」が求まります。

「利息および配当金の受取額」は、営業外収益の受取利息・配当金（P／L）の現金預金による収入額です。

この計算は営業外収益の受取利息・配当金（P／L）から、まだ収入されていない未収収益（B／Sの資産）の増加額を差し引き、さらに収入ずみの前受収益（B／Sの負債で前受金に近い）の増加額を足して求めます。

未収収益（B／Sの資産）は損益計算書に収益計上されていますが、まだ収入されていないためマイナスし、前受収益（B／Sの負債）は損益計算書に収益計上されていませんが、すでに収入されているためプラスします。

一方の「利息の支払額」は、営業外費用の支払利息（P／L）の支払額で、「その他の営業支出」と同様に、支払利息に前払費用（B／Sの資産）増加額をプラスし、未払費用（B／Sの負債）増加額をマイナスして求めます。

なお、この区分で記載する方法以外にも、「受取利息および受取配当金」は「投資活動によるキャッシュフロー」の区分に記載し、「支払利息」は「財務活動によるキャッシュフロー」の区分に記載する方法もあります。

　最後の「法人税等の支払額」は当期中に支払われた前期末の未払法人税等（B／Sの負債）に損益計算書に記載された当期の法人税および住民税等（P／L）を加え、当期にいまだ支払われていない当期末の未払法人税等（B／Sの負債）を差し引くことにより計算されます。

　結果として「直接法による営業活動によるキャッシュフロー」は、表示についても損益計算書（P／L）を現金主義で作成したものと、（営業保証金の取扱いと資産売却による益出し部分を除いて）ほぼ一致します。

　d　間接法による表示方法

　次に間接法による場合の表示方法をみてみましょう。

　実務的には直接法よりも、この間接法による表示がより普及しています。

　間接法では損益計算書（P／L）の税引前当期純利益をもとにして、これに調整を加えることにより営業活動によるキャッシュフローを導いていきます。

　減価償却費（P／L）と貸倒引当金およびその他の引当金の増加額（P／L）は、これらが支出を伴わない費用であるにもかかわらず、冒頭の税引前当期純利益を計算する際に費用としてすでにマイナスされているので、それを取り消すために税引

(単位:千万円)

	項　目	金　額
営業活動によるキャッシュフロー	税引前当期純利益	
	(＋) 減価償却費	
	(＋) 貸倒引当金の増加額	
	(＋) その他の引当金の増加額	
	(－) 受取利息および配当金	
	(＋) 支払利息	
	(－) 有価証券売却益	
	(＋) 有形固定資産除却損	
	(－) 売上債権の増加額	
	(－) 棚卸資産の増加額	
	(＋) 仕入債務の増加額	
	(－) その他の流動資産の増加額	
	(＋) その他の流動負債の増加額	
	(＋) その他の固定負債の増加額	
	小　計	
	(＋) 利息および配当金の受取金	
	(－) 利息の支払額	
	(－) 法人税等の支払額	
	営業活動によるキャッシュフロー合計	

前当期純利益に足し戻します。

　したがって減価償却費はキャッシュの構成要素ではなく、減価償却費自体は(それが節税となる効果を除いて)キャッシュフローに影響を与えません。

　つまり、減価償却前の利益を求めている訳ですから、その額とは無関係に、極端な話として減価償却を行っていてもいなくても、この足し戻しによってその影響は排除されてしまいます。

　なお、実務的にはこの減価償却前利益から税金と配当金を差

し引いたものを「いわゆるキャッシュフロー」と呼んで、営業活動によるキャッシュフローの簡便計算としています（本来、配当金は財務活動によるキャッシュフローですが）。

「受取利息および配当金」と「支払利息」は損益計算書（P／L）において発生主義で計上されている金額をいったん取り消したうえで、小計の下においてもう一度現金主義による金額（これは、直接法による金額と同じです）により再度計上します。

このように、「小計」の手前で発生主義による営業外損益の影響を取り除く作業を行うため、この「小計」は損益計算書（P／L）の営業利益を現金主義で計上した金額とほぼ等しくなります。

したがってこの小計の額と損益計算書の営業利益を比較すれば、利益の計上が資金に負担をかけていないかについて知ることができます。

なお、直接法による場合と同様に、この区分で損益計算書（P／L）において発生主義で計上されている金額をいったん取り消したうえで、「受取利息および配当金」はこの区分ではなく「投資活動によるキャッシュフロー」の区分に記載し、「支払利息」もこの区分ではなく「財務活動によるキャッシュフロー」の区分に記載する方法もあります。

さらに有形固定資産や有価証券・投資有価証券等の売却損益があれば、まずそれらをこの区分で取り消し、その後で別に売却収入を投資活動によるキャッシュフローの区分に表示します。

売却損益は売却された資産の売却額と帳簿価額との差額ですが、これを取り消したうえで、投資活動によるキャッシュフローには売却額そのものを記載します。

　ここで取消しを行うのは、これらの売却は投資の回収であるためであり営業活動によるキャッシュフローとしてとらえるのは適当でないからです。

　また売却損益を売却額に直すのは、資金の増加額は売却額そのもの、つまり売れた金額であり売却益ではないからです。

　なお固定資産の除却損は、これも減価償却費と同様に支出を伴わない費用であることから足し戻します。

　これらに加え、さらに運転資金の増減額に当たる売上債権、棚卸資産および仕入債務の増減額を調整して営業活動によるキャッシュフローを計算します。

　「売上債権の増加額」は売上債権の回収が遅れていることになり、資金にとってマイナスです。

　「棚卸資産の増加額」も同様に資金が寝ている状態であり、資金にとってマイナスとなります。

　逆に「仕入債務の増加額」は支払が遅れていることになり、資金にとってプラスとなります。

　これらの動きをあわせてみることで、必要となる運転資金の内容の変化やその増減を知ることができます。

　「その他の流動資産の増加額」は、たとえば仮払金、立替金、未収金、短期貸付金等の増加額です。

　これらは費用よりも支出が先行したり、収益よりも収入（回

収)が遅れることで資金にとってマイナス要素となります。

さらにこの項目については、資産価値が乏しいことにも留意が必要となります。

つまり回収されるかどうかが疑わしいわけです。

逆に「その他の流動負債の増加額」や「その他の固定負債の増加額」は、たとえば未払金や前受金の増加額であり、収益よりも収入が先行する、あるいは費用よりも支出が遅れるため資金にとってプラス要素です。

このように間接法による営業活動によるキャッシュフロー計算書は、貸借対照表項目の増減変動と密接な関係にあり、この区分では流動資産に属する資産・負債（正味運転資本）やその他の事業上の資産・負債の増減が調整されます。

最後の「法人税等の支払額」は、直接法による場合と同様に現金主義での支払額ですが、株主への「配当金の支払額」は財務活動によるキャッシュフローの区分で表示します。

なお中小企業では、営業活動によるキャッシュフローがマイナスとなっていることがよくあります。

例として、もともと事業がうまくいっていないケースのほか、事業の急成長時に一時的に売上債権や棚卸資産が急増し、それがキャッシュフローをマイナスにしているケースなどです。

しかし一時的なマイナスはともかく、マイナスの状態が何年も続いているようであれば、経営上大きな問題があるといわざるをえません。

ただし実務上は、プラスであればよいというものではなく、その理由さらには実態を見抜く目が必要となります。

たとえば仕入債務の支払遅延によって営業活動によるキャッシュフローがプラスになっている場合は、決してよい状態ではありません。

したがって一時的なプラス・マイナスにとらわれず、長期的な視点で分析することが必要となります。

② 投資活動によるキャッシュフロー

投資活動によるキャッシュフローは、将来の収益や資金の獲得のためにどのような投資を行い、回収したかを表したものです。

すなわち投資と回収を示します。

(単位:千万円)

	項　目	金　額
投資活動によるキャッシュフロー	(−) 有価証券の取得による支出	
	(+) 有形証券の売却による収入	
	(−) 有形固定資産の取得による支出	
	(+) 有形固定資産の売却による収入	
	(−) 無形固定資産の取得による支出	
	(+) 無形固定資産の売却による収入	
	(−) 投資有価証券の取得による支出	
	(+) 投資有価証券の売却による収入	
	(−) 貸付による支出	
	(+) 貸付金の回収による収入	
	投資活動によるキャッシュフロー合計	

この区分では、以下の内容を記載することとなっています。

> 1　有形固定資産および無形固定資産の取得による支出と売却による収入
> 2　資金の貸付による支出と回収による収入
> 3　有価証券（資金の範囲に含めたものを除く）および投資有価証券の取得による支出と売却による収入

　資産の売却による回収の場合には、損益計算書（P／L）に記載された売却損益ではなく、売却額（売却収入）を計上します。

　また、有価証券の取得と売却が行われた場合には、原則としては相殺しないで、それぞれ総額で表示しますが、例外的に期間が短くて回転が速いときは純額での表示も認められています。

　まず、この区分でのキャッシュフローは投資によりマイナスとなり、回収によりプラスとなりますから、そのプラス・マイナスにより一概に経営の良否の判定はできません。

　この区分のキャッシュフローをみるには、営業活動によるキャッシュフローとあわせてみなければなりません。

　特に投資活動によるキャッシュフローのマイナスが、長期にわたって営業活動によるキャッシュフローのプラスを大きく超えている場合には、資金の不足分について財務活動によるキャッシュフローに依存していることになりますので、借入依存となっており大きな問題を抱えています。

③ **財務活動によるキャッシュフロー**

　財務活動によるキャッシュフローは、営業活動や投資活動を維持するためにどのように資金を調達し、返済したかを表したものです。

　すなわち調達と返済を表します。

(単位：千万円)

	項　　目	金　　額
財務活動によるキャッシュフロー	（＋）短期借入れによる収入	
	（－）短期借入金の返済による支出	
	（＋）長期借入れによる収入	
	（－）長期借入金の返済による支出	
	（＋）社債の発行による収入	
	（－）社債の償還による支出	
	（＋）株式の発行による収入	
	（－）配当金の支払額	
	財務活動によるキャッシュフロー合計	

この区分では、以下の内容を記載します。

1　借入れおよび株式または社債の発行による収入
2　借入金の返済および社債の償還等による支出
3　自己株式の取得による支出と売却による収入
4　配当金の支払による支出

借入金の借換えが行われた場合には、原則としては相殺しな

いで借入金の返済と新たな借入れの両方を表示します。

　ただし、短期間に連続して借換えが行われた場合には、純額での表示も認められています。

　財務活動でのキャッシュフローの区分も、キャッシュフローは返済によりマイナスとなり、調達によりプラスとなりますから、そのプラス・マイナスにより一概に経営の良否の判定はできません。

　この区分のキャッシュフローは、営業活動によるキャッシュフローと投資活動のキャッシュフローのプラス・マイナスの調整弁となっているからです。

④　3つの活動の合計

　以上の3つの活動のキャッシュフローの合計額は、「現金および現金同等物の増加額（または減少額）」として表示されます。

　この増加額（または減少額）に、現金および現金同等物の期首残高を加えた額が、現金および現金同等物の期末残高です。

　これが期末の資金残高になることで、貸借対照表上の資金残高（現金および現金同等物）と一致します。

（単位：千万円）

	項　　目	金　　額
	現金および現金同等物に係る換算差額	
	現金および現金同等物の増加額	
	現金および現金同等物期首残高	
	現金および現金同等物期末残高	

⑤ フリーキャッシュフロー

キャッシュフロー計算書では、フリーキャッシュフローという概念があります。

フリーキャッシュフローの最も簡単な計算式は以下のようになります。

```
フリーキャッシュフロー
　＝営業活動によるキャッシュフロー
　　－投資活動によるキャッシュフロー
```

投資活動をまかなう以上の営業活動によるキャッシュフローがあれば、フリーキャッシュフローはプラスとなり、財務活動により新たに資金調達する必要はなくなります。

しかしながらフリーキャッシュフローがマイナスの場合でも、一概に不健全とはいえません。

たとえば急成長している会社では、一時的にフリーキャッシュフローがマイナスであっても、財務活動の借入金等で資金調達を行い、成長を優先させているケースもあります。

その企業がどのステージにあるかを十分に見極めたうえで、判断しなければなりません。

また、フリーキャッシュフローを以下のように定義する場合もあります。

> フリーキャッシュフロー
> 　＝営業利益×（1－法人税率）＋減価償却費
> 　　－（設備投資＋運転資本増加額）

　営業利益に（1－法人税率）を掛けているのは、理論上の法人税額をマイナスするためです。

　また、設備投資に加えて運転資本増加額をマイナスしているのは、新規設備投資により生産能力が増大すると売上高がふえることで、売上債権、棚卸資産および仕入債務も増加すると考えられるからです。

(2) 各計算区分のプラス・マイナスの組合せ

　キャッシュフロー計算書は3つの計算区分から成り立っていますので、それぞれの計算区分のプラス・マイナスの組合せをみておきましょう。

　この組合せとしては、プラス・マイナス2×2×2＝8通りの組合せがあります。

　ポイントはどの計算区分のプラスがどの計算区分のマイナスを補てんしているかという、資金の流れをみることです。

　基本的には営業活動によるキャッシュフローがプラスであればよく、ほかの部のプラス・マイナスは政策的なものですので、業績の良否とは無関係です。

　それでは順番にみていきましょう。

〈ケース1〉

営業活動による キャッシュフロー	投資活動による キャッシュフロー	財務活動による キャッシュフロー
＋	−	−

　この組合せは、キャッシュフロー計算書のなかで最もよい状態を示しています。

　営業活動によるキャッシュフローは、原則として発生主義に基づく損益計算書の当期純利益を現金主義で表した場合の金額を意味していました。

　この組合せでは、営業活動によるキャッシュフローのプラスで、投資活動によるキャッシュフローと財務活動によるキャッシュフローの両方の資金需要をまかなっています。

　つまり新たな借入金に依存せずに自己資金で設備投資等をしているばかりか、既存の借入金の返済まで行っている状態です。

　ただ、一見するとまったく問題ないようですが、そのまま信じるのは禁物です。

　営業活動によるキャッシュフローのプラスの要因が、たとえば仕入債務の支払遅延であれば話は別です。

　また、財務活動によるキャッシュフローのマイナスは、金融機関から借入返済を迫られている場合もあります。

　したがって、表面的には絶好調にみえても、100％そうであるとは限りませんので、内容の精査を行うことが重要です。

キャッシュフロー計算書（直接法）

(単位：千万円)

項　目		全　額
営業活動によるキャッシュフロー	営業収入	
	（−）原材料または商品の仕入支出	
	（−）人件費支出	
	（−）その他の営業支出	
	小　　計	
	（＋）利息および配当金の受取額	
	（−）利息の支払額	
	（−）法人税等の支払額	
	営業活動によるキャッシュフロー合計	
投資活動によるキャッシュフロー	（−）有価証券の取得による支出	
	（＋）有形証券の売却による収入	
	（−）有形固定資産の取得による支出	
	（＋）有形固定資産の売却による収入	
	（−）無形固定資産の取得による支出	
	（＋）無形固定資産の売却による収入	
	（−）投資有価証券の取得による支出	
	（＋）投資有価証券の売却による収入	
	（−）貸付による支出	
	（＋）貸付金の回収による収入	
	投資活動によるキャッシュフロー合計	
財務活動によるキャッシュフロー	（＋）短期借入れによる収入	
	（−）短期借入金の返済による支出	
	（＋）長期借入れによる収入	
	（−）長期借入金の返済による支出	
	（＋）社債の発行による収入	
	（−）社債の償還による支出	
	（＋）株式の発行による収入	
	（−）配当金の支払額	
	財務活動によるキャッシュフロー合計	
	現金および現金同等物に係る換算差額	
	現金および現金同等物の増加額	
	現金および現金同等物期首残高	
	現金および現金同等物期末残高	

キャッシュフロー計算書（間接法）

(単位：千万円)

	項　　目	金　　額
営業活動によるキャッシュフロー	税引前当期純利益	
	（＋）減価償却費	
	（＋）貸倒引当金の増加額	
	（＋）その他の引当金の増加額	
	（－）受取利息および配当金	
	（＋）支払利息	
	（－）有価証券売却益	
	（＋）有形固定資産除却損	
	（－）売上債権の増加額	
	（－）棚卸資産の増加額	
	（＋）仕入債務の増加額	
	（－）その他の流動資産の増加額	
	（＋）その他の流動負債の増加額	
	（＋）その他の固定負債の増加額	
	小　　　　計	
	（＋）利息および配当金の受取金	
	（－）利息の支払額	
	（－）法人税等の支払額	
	営業活動によるキャッシュフロー合計	
投資活動によるキャッシュフロー	（－）有価証券の取得による支出	
	（＋）有形証券の売却による収入	
	（－）有形固定資産の取得による支出	
	（＋）有形固定資産の売却による収入	
	（－）無形固定資産の取得による支出	
	（＋）無形固定資産の売却による収入	
	（－）投資有価証券の取得による支出	
	（＋）投資有価証券の売却による収入	
	（－）貸付による支出	
	（＋）貸付金の回収による収入	
	投資活動によるキャッシュフロー合計	
財務活動によるキャッシュフロー	（＋）短期借入れによる収入	
	（－）短期借入金の返済による支出	
	（＋）長期借入れによる収入	
	（－）長期借入金の返済による支出	
	（＋）社債の発行による収入	
	（－）社債の償還による支出	
	（＋）株式の発行による収入	
	（－）配当金の支払額	
	財務活動によるキャッシュフロー合計	
	現金および現金同等物に係る換算差額	
	現金および現金同等物の増加額	
	現金および現金同等物期首残高	
	現金および現金同等物期末残高	

〈ケース2〉

営業活動による キャッシュフロー	投資活動による キャッシュフロー	財務活動による キャッシュフロー
＋	−	＋

　このケースでは、営業活動によるキャッシュフローのプラスと財務活動によるキャッシュフローのプラスで、投資活動の資金需要をまかなっています。

　営業活動によるキャッシュフローだけでは、新たな設備投資等の投資活動の資金需要をまかないきれず、新たな借入れをしているようなケースです。

　設備投資等に合理的な根拠があり、事業計画もしっかりしている場合に積極的に投資を行うのであれば、特に問題はないといえます。

　しかし、近年の電機業界のように積極的な設備投資が裏目に出るケースは多いものです。

　経営者が設備投資を博打にしてしまっては、取返しがつかなくなります。

　競合他社に負けまいと積極的な設備投資を行うことはよくありますが、うまくいくケースは限られています。

　不況時に設備投資を行い、好況に備えるのはよいのですが、不況が長期化するようであればその後に過大な設備投資となって、企業の体力を著しく弱める結果になります。

　新規の設備投資の必要性について、事前に需要予測や販路の確保等が十分に検討されているか、確認するべきでしょう。

〈ケース3〉

営業活動による キャッシュフロー	投資活動による キャッシュフロー	財務活動による キャッシュフロー
＋	＋	－

　このケースでは、営業活動によるキャッシュフローのプラスと投資活動によるキャッシュフローのプラスで、財務活動の資金需要をまかなっています。

　営業活動によるキャッシュフローがプラスであるため、基本的には問題ありませんが、投資活動によるキャッシュフローがプラスとなっている理由の確認が必要です。

　たとえば遊休資産を売却して借入金を返済したのかもしれませんが、逆に金融機関に借入金の返済を迫られて資産を売却した場合もこのパターンになりますので、資産の売却を自主的・主体的に行ったのか、金融機関からの要請で仕方なく行ったのかによって解釈が大きく変わります。

〈ケース4〉

営業活動による キャッシュフロー	投資活動による キャッシュフロー	財務活動による キャッシュフロー
＋	＋	＋

　これはすべての区分のキャッシュフローがプラスとなっている、かなり特殊なケースです。

　営業活動によるキャッシュフローがプラスであるため一見すると問題ないようにみえますが、ここでも早とちりは禁物です。

投資活動によるキャッシュフローのプラスは資産の売却による資金回収等を行ったものと思われますし、財務活動によるキャッシュフローのプラスは新たな借入れを行ったかもしれません。

たとえば来期に大きな設備投資を予定しているのかもしれませんが、悪く考えれば資金を集めたうえで計画倒産する準備かもしれません。

どのような事情があるのかの確認が必要となるケースです。

〈ケース5〉

営業活動による キャッシュフロー	投資活動による キャッシュフロー	財務活動による キャッシュフロー
－	＋	＋

営業活動によるキャッシュフローがマイナスであることから、事業が不振であることがわかります。

営業活動によるキャッシュフローのマイナスを、投資活動によるキャッシュフローのプラスと財務活動によるキャッシュフローのプラスでまかなっています。

つまり事業の不振を、過去の投資の回収と、新たな借入金でカバーしようとしている状態であることがわかります。

新規の借入れがあることから金融機関の支援体制があることをうかがわせますが、それに依存することなく早急に事業を立て直し、営業活動によるキャッシュフローをプラスにする必要があります。

〈ケース6〉

営業活動による キャッシュフロー	投資活動による キャッシュフロー	財務活動による キャッシュフロー
－	＋	－

　営業活動によるキャッシュフローのマイナスは事業の不振を表しており、その資金不足を投資活動によるキャッシュフローのプラス、つまり過去の投資の回収によってまかなっています。

　さらに財務活動によるキャッシュフローがマイナスであることから、金融機関から借入金の返済を迫られており、営業活動のマイナスを埋めた残りの投資の回収資金で借入金の返済をしたことがわかります。

　金融機関からの支援が得られていない点で、ケース5よりも状況が悪化していると思われます。

　企業として存続するためには、まず営業活動によるキャッシュフローをプラスに改善する必要があるでしょう。

〈ケース7〉

営業活動による キャッシュフロー	投資活動による キャッシュフロー	財務活動による キャッシュフロー
－	－	＋

　このパターンも、問題が大きいケースです。

　このケースでは、営業活動によるキャッシュフローのマイナスと投資活動によるキャッシュフローのマイナスを財務活動によるキャッシュフローのプラスでカバーしています。

営業活動によるキャッシュフローのマイナスは事業の不振を表していますが、それにもかかわらず（それを打開するため？）新たな投資を行っています。

たとえば商店が売上不振から改装を行う場合はこのパターンとなりますが、改装効果について過大な期待をもつことはできません。

事業の不振による資金不足と、新たな投資による資金不足を借入金により調達している場合、将来の事業の成功がないと借入金の返済はできないことになります。

まずは投資に頼らず、現状の営業努力によって営業活動によるキャッシュフローをプラスにすることが先決であるといえるでしょう。

〈ケース8〉

営業活動による キャッシュフロー	投資活動による キャッシュフロー	財務活動による キャッシュフロー
－	－	－

これは最悪の状態です。

まず営業活動によるキャッシュフローはマイナスとなっており、現金主義での当期純利益は赤字です。

さらに投資活動によるキャッシュフローがマイナスであるため、事業が不振であるにもかかわらず新規の投資を行っています。

新規の設備投資は事業の不振を持ち直すためであることをうかがわせますが、新規の投資による利益を期待する前に、既存

の事業を黒字化するほうが先決です。

さらにこのケースでは財務活動によるキャッシュフローもマイナスとなっていますが、これについては金融機関が融資を引き揚げている可能性が大です。

ここでも、真っ先に営業活動によるキャッシュフローをプラスにするのが先決です。

この状態は企業から資金が止めどなく流れ出ており、このままでは倒産するケースであるといえます。

5 キャッシュフロー計算書の実例

　それでは、実際のキャッシュフロー計算書をみてみましょう。

　以下は第1章でみたパナソニックの、同期間におけるキャッシュフロー計算書です。

　平成22年度と平成23年度では、キャッシュフローの構造が大きく変化していることがわかります。

　まずは営業活動によるキャッシュフローからみていきましょう。

　平成22年度では営業活動によるキャッシュフローは4,691億円のプラスとなっていましたが、平成23年度では368億円のマイナスとなりました。

　まず平成22年度では「非支配持分帰属利益控除前当期純利益」(これはパナソニックの株主とそれ以外の少数株主の両方に帰属する当期純利益です)が855億円であり、これに「減価償却費」の足し戻し3,672億円を加えると4,528億円のプラスのキャッシュフローとなっています。

　さらに目を引くのは「売上債権の減少」による833億円のプラスと、「棚卸資産の増加」による546億円のマイナスです。

　ここで推定されることは、期末近くでの予想外の売上げの落込みであり、その影響が平成23年度に表れたとみることができ

ます。

　売上債権の減少は、資金にとってはプラス要素となりますが、それは滞留していた売上債権が回収できた場合や、債権管理の徹底により回転期間が短縮できた場合の話です。

　パナソニックの場合はそのどちらでもなく、単に期末近くで売上げが減少したことによるものと思われます。

　それを裏付けているのが棚卸資産の増加です。

　これは、見込生産により製造した製品が、予想外の売上げの低下によって在庫となってしまったことをうかがわせます。

　つまり、この平成22年度の時点で、すでに経営の歯車が狂い始めた兆候が表れています。

　平成23年度は「非支配持分帰属利益控除前当期純損失」8,161億円の赤字から始まっており、営業活動によるキャッシュフローにとっても大きなマイナス要素となっていますが、これに「減価償却費」3,381億円と「長期性資産およびのれんの減損」5,631億円を足し戻した金額は851億円となり、この時点でプラスに転化しています。

　したがって決算整理前は当期純利益が計上されていたわけです。

　つまり、現金主義で考えた場合の赤字要因はほかにあることになります。

　ここで営業活動によるキャッシュフローがマイナスとなった要因としては、「買入債務（仕入債務）の減少」1,037億円が最も大きな要因であるといえるでしょう。

パナソニックの連結キャッシュフロー計算書

(単位:百万円)

	平成22年度 (自 平成22年4月1日 至 平成23年3月31日)	平成23年度 (自 平成23年4月1日 至 平成24年3月31日)
営業活動によるキャッシュフロー		
非支配持分帰属利益控除前当期純利益（△は損失）	85,597	△816,144
営業活動によるキャッシュフローへの調整		
減価償却費（無形固定資産および繰延債発行費の償却費を含む）	367,263	338,112
有価証券の売却益	△11,318	△5,822
貸倒引当金繰入額	4,392	12,162
法人税等繰延額	14,100	△59,439
投資有価証券の評価減	27,539	16,636
長期性資産およびのれんの減損	34,692	563,161
売上債権の増減額（△は増加）	83,333	24,228
棚卸資産の増減額（△は増加）	△54,659	38,117
その他の流動資産の増減額（△は増加）	△181	17,130
買入債務の増減額（△は減少）	△12,826	△103,788
未払法人税等の増減額（△は減少）	13,038	△7,473
未払費用およびその他の流動負債の増減額（△は減少）	△24,374	△9,089
退職給付引当金の増減額（△は減少）	△38,400	△29,374
得意先より前受金および預り金の増減額（△は減少）	607	△14,547
その他	△19,608	△761
営業活動によるキャッシュフロー	469,195	△36,891

投資活動によるキャッシュフロー		
投資および貸付金の売却および回収	87,229	104,542
投資および貸付金の増加	△8,873	△6,945
有形固定資産の購入	△420,921	△456,468
有形固定資産の売却	152,663	53,333
定期預金の増減額（△は増加）	19,005	30,952
その他	△32,048	△28,416
投資活動によるキャッシュフロー	△202,945	△303,002
財務活動によるキャッシュフロー		
短期債務の増減額（△は減少）	△34,034	362,128
長期債務の増加	505,123	828
長期債務の返済	△201,906	△370,052
当社株主への配当金	△20,704	△21,912
非支配持分への配当金	△12,583	△11,642
自己株式の取得	△432	△436
自己株式の売却	17	73
非支配持分の取得	△589,910	△10,640
その他	△198	△1,441
財務活動によるキャッシュフロー	△354,627	△53,094
為替変動による現金および現金同等物への影響額	△46,709	△7,428
現金および現金同等物の純増減額（△は減少）	△135,086	△400,415
現金および現金同等物期首残高	1,109,912	974,826
現金および現金同等物期末残高	974,826	574,411

これは、前期に大きくふえてしまった棚卸資産（在庫）の管理を徹底し、生産調整を行うことで、期末近くの材料仕入れと製品の製造を減らした可能性が大きいと推定されます。
　それ以外にもさまざまな要素はありますが、営業活動によるキャッシュフローのマイナスは368億円にとどまっており、ここでのマイナスは経営にとって問題であるとはいえ、この金額はパナソニックにとってはほとんど誤差の範囲内の金額です。
　経理について保守的な会計を行った結果、損益計算では大赤字ですが、この時点では資金面ではほぼ問題がないといえます。
　それでは次に投資活動によるキャッシュフローをみてみましょう。
　この区分では、新規投資が投資の回収を上回る限りキャッシュフローはマイナスとなります。
　投資活動によるキャッシュフロー全体で、平成22年度では2,029億円のマイナス、平成23年度では3,030億円のマイナスとなっています。
　このうちいわゆる設備投資に該当する有形固定資産の購入は平成22年度の4,209億円から平成23年度の4,564億円に増加しており、特に平成23年度では損益面で赤字決算であっても新規の設備投資をふやしていることがわかります。
　この企業の底力のすごさをみる思いです。
　平成22年度から平成23年度にかけて、投資活動によるキャッシュフロー全体で、約1,000億円マイナス幅が増加した要因

は、有形固定資産の売却による資金回収を約1,000億円減らしたことによります。

投資の回収を急ぐことなく、現在の生産能力を維持しながら事業構造の転換を図っている様子がうかがわれます。

最後は財務活動によるキャッシュフローです。

平成22年度は3,546億円のマイナスとなっていましたが、平成23年度は530億円のマイナスとなっており、マイナス幅が約3,000億円縮小しています。

これは主に、平成22年度に行った関係会社の完全子会社化による「非支配持分の取得」5,899億円が、平成23年度にはなくなったことによります。

なお、長短あわせた社債等の債務による資金調達は、平成22年度の2,691億円の増から、平成23年度の70億円の減に減少しており、大赤字にも動じない資金力の豊富さを示しています。

これらに為替変動による影響額を加味した結果、3つのキャッシュフローの合計金額は、平成22年度のマイナス1,350億円から、平成23年度のマイナス4,004億円へとマイナス幅が拡大しています。

これはキャッシュフロー計算書全体として、財務活動によるキャッシュフローでの前期比プラス約3,000億円よりも、営業活動によるキャッシュフローの縮小である前期比マイナス約5,000億円と、投資活動によるキャッシュフローの前期比マイナス約1,000億円が大きかったことがその要因となっています。

〈巻末資料〉パナソニックの売上高内訳

(単位:百万円)

概　　要

【セグメント情報】

　平成22年度および平成23年度におけるセグメント情報は次のとおりです。なお、平成22年度のセグメント情報については、平成23年度の形態にあわせて組替えして表示しています。

売上高

	平成22年度	平成23年度
AVCネットワークス：		
外部顧客に対するもの	1,812,495	1,451,410
セグメント間取引	344,264	262,065
計	2,156,759	1,713,475
アプライアンス：		
外部顧客に対するもの	1,074,046	1,133,104
セグメント間取引	408,834	401,079
計	1,482,880	1,534,183
システムコミュニケーションズ：		
外部顧客に対するもの	717,541	637,931
セグメント間取引	220,606	202,929
計	938,147	840,860
エコソリューションズ：		
外部顧客に対するもの	1,253,165	1,256,633
セグメント間取引	273,377	269,180
計	1,526,542	1,525,813
オートモーティブシステムズ：		
外部顧客に対するもの	573,170	624,878
セグメント間取引	38,462	28,369
計	611,632	653,247
デバイス：		
外部顧客に対するもの	1,354,817	1,152,872
セグメント間取引	316,138	251,698
計	1,670,955	1,404,570
エナジー：		
外部顧客に対するもの	315,495	319,877
セグメント間取引	321,520	295,008
計	637,015	614,885
その他：		
外部顧客に対するもの	1,591,943	1,269,511
セグメント間取引	712,827	611,350
計	2,304,770	1,880,861
消去	△2,636,028	△2,321,678
連結計	8,692,672	7,846,216

■著者略歴■

都井　清史（とい　きよし）
1960年3月1日生まれ（兵庫県伊丹市出身）
1983年神戸大学経営学部会計学科卒業
1988年公認会計士都井事務所を設立
2005年税理士登録
［著書］
『KINZAIバリュー叢書　粉飾決算企業で学ぶ実践「財務三表」の見方』『KINZAIバリュー叢書　会社法による決算の見方と最近の粉飾決算の実例解説』『コツさえわかればすぐ使える決算書速読・速解術〈第2版〉』『コツさえわかればすぐ使える粉飾決算の見分け方〈第3版〉』『コツさえわかればすぐ使える新しい会計基準』『会社法で中小企業FP業務はこう変わる』『中小企業のための種類株式の活用法』（以上、金融財政事情研究会）

『税理士のための新会社法実務ガイド』『税理士と社長のための中小企業の会計指針実務ガイド』『試験研究費・ソフトウェアの税務』『公益認定申請サクセスガイド』（以上、中央経済社）

『金庫株を活用した事業承継・相続対策』『すぐわかる新公益法人会計基準』『公益法人の税務と会計』（以上、税務研究会）

『公益法人の消費税』（公益法人協会）　他

KINZAIバリュー叢書
ゼロからわかる 損益と資金の見方

平成25年6月27日　第1刷発行

著　者　都　井　清　史
発行者　倉　田　　勲
印刷所　図書印刷株式会社

〒160-8520　東京都新宿区南元町19
発　行　所　一般社団法人 金融財政事情研究会
　　編集部　TEL 03(3355)2251　FAX 03(3357)7416
販　　　売　株式会社きんざい
　　販売受付　TEL 03(3358)2891　FAX 03(3358)0037
　　　　　　　URL http://www.kinzai.jp/

・本書の内容の一部あるいは全部を無断で複写・複製・転載すること、および磁気または光記録媒体、コンピュータネットワーク上等へ入力することは、法律で認められた場合を除き、著作者および出版社の権利の侵害となります。
・落丁・乱丁本はお取替えいたします。定価はカバーに表示してあります。

ISBN978-4-322-12322-7

KINZAI バリュー叢書 好評発売中

金融機関のガバナンス
●天谷知子[著]・四六判・192頁・定価1,680円(税込⑤)

ベアリングズ破綻、サブプライム・ローン問題、「ロンドンの鯨」事件、金融検査事例集等を題材に、ガバナンスを考える。

内部監査入門
●日本金融監査協会[編]・四六判・192頁・定価1,680円(税込⑤)

リスクベース監査を実践し、リスク管理態勢の改善を促すことができる内部監査人の育成、専門的能力の向上のための最適テキスト。

日米欧の住宅市場と住宅金融
●独立行政法人 住宅金融支援機構 調査部[編著]・四六判・324頁・定価1,890円(税込⑤)

日本の住宅金融市場の歴史を振り返り、構造変化とその要因を分析。さらに米サブプライム問題やスペインの銀行危機を総括し、日本への教訓を探る。

責任ある金融
―評価認証型融資を活用した社会的課題の解決
●日本政策投資銀行 環境・CSR部[著]・四六判・216頁・定価1,680円(税込⑤)

「環境」「事業継続」「健康」の3つをテーマとした評価認証型融資を通じて、企業の成長制約要因を成長要因に転換し、新しい社会をデザインする。

会社法による決算の見方と最近の粉飾決算の実例解説
●都井清史[著]・四六判・228頁・定価1,470円(税込⑤)

最新の会社計算規則に対応した決算に関するルールと、大王製紙・オリンパスの粉飾決算手法、「循環取引」等による驚異の粉飾操作を解き明かす。

粉飾決算企業で学ぶ
実践「財務三表」の見方
●都井清史[著]・四六判・212頁・定価1,470円(税込⑤)

貸借対照表、損益計算書、キャッシュフロー計算書の見方を、債権者の視点からわかりやすく解説。